Social Attractiveness

인쇄 | 2025년 3월 10일 개정증보판 1쇄
발행 | 2025년 3월 31일 개정증보판 1쇄

지은이 | 황정선
펴낸이 | 박명환
펴낸곳 | 비즈토크북

주   소 | 서울시 마포구 와우산로 3길 15 (상수동, 2층)
전   화 | 02) 334-0940
팩   스 | 02) 334-0941
홈페이지 | www.vtbook.co.kr
출판등록 | 2008년 4월 11일 제 313-2008-69호

편집장 | 윤병인
마케팅 | 코난미디어 010-2274-0511
디자인 | 이현주 (이미지공작소 02-3474-8192)
제   작 | 삼덕정판사

ISBN 979-11-85702-35-3 13320

소셜 매력

황정선 글

소셜 매력,
당신을 돋보이게 만드는 기술!

　솔직히 말해보자. 당신은 성공하고 싶지 않은가? 더 많은 기회를 얻고, 사람들이 당신을 주목하며, 원하는 대로 인생이 흘러가길 원하지 않는가? 그런데 현실은 어떤가? 열심히 일하는데도 주목받지 못하고, 뛰어난 능력을 갖췄는데도 기회가 오지 않고, 사람들과 잘 지내려고 노력하는데도 유독 당신만 외면당하는 기분이 들지는 않는가? 그렇다면 문제는 실력도, 운도 아니다. 바로 '소셜 매력'이 부족하기 때문이다.

　세상은 공정하지 않다. 똑같은 능력을 갖췄어도 누구는 기회를 쥐고, 누구는 끝까지 들러리 역할만 한다. 이 차이를 만드는 결정적인 요소는 소셜 매력이다. 그렇다. 소셜 매력이란 사회적 관계 속에서 타인에게 호감을 불러일으키는 다음과 같은 힘이다.

❖ 사람들의 이목을 집중시키는 힘

❖ 상대의 마음을 움직이는 힘

❖ 말 한마디로 분위기를 주도하는 힘

❖ 어떤 자리에서도 '함께하고 싶은 사람'으로 남는 힘

이 모든 것을 갖춘 사람이 결국 승자가 된다. 그러나 많은 사람들이 여전히 '매력' 하면 외모부터 떠올린다. 하지만 뛰어난 외모가 없어도, 화려한 배경이 없어도, 이상하게 끌리는 사람, 계속 보고 싶은 사람, 신뢰하고 싶은 사람이 당신 곁에도 분명히 있지 않던가? 그들의 공통점은 바로 사회적 관계 속에서 자신을 빛나게 만드는 법을 알고 있다는 것이다.

이 책이 다루는 '소셜 매력'은 단순한 친화력이 아니다. 말하는 방식, 태도, 분위기, 상대를 배려하는 마음, 그리고 자신을 자연스럽게 표현하는 능력, 이 모든 요소가 어우러져 더 많은 기회를 끌어당기는 강력한 힘이 된다. 소셜 매력을 가진 사람은 어디에서든 환영받고, 존중받으며, 신뢰를 얻는다. 단순한 친화력을 넘어, '이 사람과 함께 있고 싶다'라는 인식을 만들어내는 힘이 바로 소셜 매력이다. 결국, 지식이나 실력보다 더 중요한 것은 '어떻게 관계를 맺고, 사람들에게 어떻게 기억되는가?'이다.

나는 수십 년간 비즈니스 스타일링부터 커뮤니케이션 방식, 그리고 품격 있는 태도까지 연구하고 가르쳐오면서 깨달았다. 매력은 타고나는 것이 아니다. 노력하는 사람만이 가질 수 있는 능력이다. 외모를 바꾸는 것은 쉽지 않지만, 사람들에게 호감을 주는 법, 신뢰를 얻는 법, 나를 효과적으로 표현하는 법은 누구나 배울 수 있다.

초판에서 죽었다 깨어나도 하지 말아야 할 88가지 행동을 다루었다면, 이번 개정판에서는 여기에 테이블 매너를 추가했다.

❖ 비즈니스 식사에서 이런 실수 하지 마라.
❖ 먹기 어려운 요리라고 포기하지 마라.
❖ 묻지도 따지지도 말고 이런 행동만은 절대 하지 마라.

왜냐하면, 식사는 단순한 영양 섭취가 아니라, 비즈니스와 사교의 핵심 무대이기 때문이다. 식사 자리에서의 작은 실수 하나가 신뢰를 무너뜨릴 수도 있고, 반대로 세련된 매너 하나가 상대방에게 깊은 인상을 남길 수도 있다. 이런 차이를 만드는 것이 바로 테이블 매너다. 이것은 단순한 격식이 아니다. 함께하는 사람을 배려하는 태도이며, 나 자신을 돋보이게 만드는 가장 강력한 무기다. 우리는 음식을 통해 교감을 나누고, 대화를 통해 관계를 다진다. 그렇기에 테이블 매너는 단순한 형식이 아니라, 소셜 매력을 완성하는 필수 요소가 된다.

스티브 잡스는 말했다.

"무엇을 해야 할지 결정하는 것만큼이나, 무엇을 하지 말아야 할지 결정하는 것도 중요하다."라고.

이 책은 선택지가 넘쳐나는 복잡한 세상에서 당신이 매력적인 사람이 되기 위해 '하지 말아야 할 것들'을 확실히 정리해 줄 것이다. 그러니 소셜 매력을 높이고 싶다면, 이 책에 나오는 '하지 말아야 할 행동들'부터 절대 하지 마라. 이것만 지켜도 당신은 더 많은 기회를 얻고, 더 깊은 관계를 형성하며, 궁극적으로 원하는 목표에 한 걸음 더 가까워질 것이다. 소셜 매력은 단순히 '좋은 사람'이 되라는 것이 아니다. '놓칠 수 없는 사람'이 되는 법을 배우라는 것이다. 그러니 지금, 당신의 매력을 완성할 준비를 해라.

이 책을 다 읽고 나면, 당신은 절대 예전의 모습으로 돌아갈 수 없을 것이다. 소셜 매력은 노력하는 사람의 것이다. 이제, 당신의 매력을 완성해 보자.

황정선

CONTENTS

Social Skills 사회적 기술

Business Behavior
비즈니스 행동

Social Presentation 사회적 표현력

Social Liveliness 사회적 활력

Social
Skills

사회적 기술

Business Behavior 비즈니스 행동
Business Dining 비즈니스 식사
Positive Conversation 긍정적인 대화

현대 사회에서 타인과의 관계를 형성하는 기술은 성공을 위한 결정적인 요인으로 작용한다. 동료들이나 이해관계에 있는 사람들과 긍정적이며 적극적인 그리고 전문가로서의 관계를 형성하기 위해서는 능숙한 사회적 기술이 필요하다. 특히 높은 직급의 관리직이나 전문직에 오르려면 최고 수준의 사회적 기술이 필요한데, 그 위치에 오른 사람들은 이미 사회적 기술이 성격이나 태도에 배어서 제2의 천성이 되어 품격, 예의범절, 정중함으로 자리 잡고 있기 때문에 인식하지 못할 가능성이 있다. 사회적 기술은 주로 매너로 드러난다. 매너란 사회적 관계나 생활 속에서 상대방에게 호감을 주며 폐를 끼치지 않고, 상대방을 존경하는 자세, 즉 상대방의 입장에서 서로를 편안하게 하는 것이다. 따라서 예절이나 매너로 드러나는 사회적 기술은 다른 사람과 사회적으로 더 쉽게 상호 작용하고, 편안하고 위협적이지 않은 방식으로 사람들과 잘 지내는 능력까지 포함하고 있다.

Business Behavior

비즈니스 행동

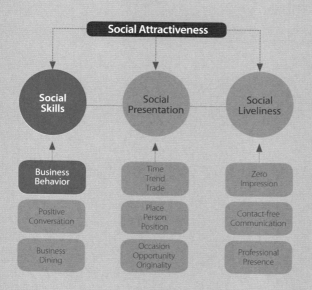

고객을 만나는 경우 당신의 회사나 제품을 잘 아는 것만으로는 충분하지 않다. 사람을 만나는 방법, 소개하는 방법, 명함을 올바르게 사용하는 방법 등에 관해서도 숙지해야만 한다. 비즈니스 상황에서 드러나는 행동은 명함 교환, 악수, 인사, 호칭 사용, 소개 순서, 물건 주고받기, 엘리베이터 타고 내리기 등이 전부다. 이때 주어진 상황에서 적절하게 행동하는 방법, 그리고 주위 사람들과 올바르게 교류하는 방법으로 그 사람의 됨됨이가 파악된다. 따라서 직장에서 잘 적응하고 성공하기 위해서는 비즈니스 교류의 바탕이 되는 매너에 대한 인식과 실천이 중요하다고 할 수 있다. 비즈니스 상황에서 상호 존중을 바탕으로 상대방에게 보여주는 좋은 행동 습관이 나타나고, 예측 가능하며 일관된 행동들로 드러났을 때 성공적인 비즈니스를 이루어낼 수 있다. 비즈니스 매너란 다른 사람이 내게 해주기를 바라는 대로 다른 사람에게 해주는 것이다. 좋은 매너로 긍정적인 인상을 얻을 수 있을 뿐 아니라, 전문가로 인식됨으로써 한층 더 신뢰가 높아질 것이다. 당신의 매너 있는 비즈니스 행동은 당신을 전문가다운 모습으로 다듬어주어 성공의 길로 인도하리라 확신한다.

상대 가려가며 인사하지 마라. 건물 안에 들어오는 누구에게라도 예의를 지켜라.

66

예전에 다녔던 회사에서 잠깐 사내 연애를
한 적이 있었는데요. 지금처럼 내비가 발달하고
배달이 일상화되지 않았을 때 퀵서비스 기사들은
전화로 찾아오는 길을 잘 물었었잖아요.
그때 상사에게는 한없이 비굴하게 구는 여친이
퀵서비스 기사에게는 유난히 짜증 내면서
막 대하는 걸 보며 오만 정이 다 떨어져서 헤어졌어요.
지금 생각해도 헤어지길 잘했죠.

42세, 대기업 사업추진실 과장

인성은 인사에서 드러나니까 회사 안에서 만나는 모든 이에게 인사하세요.

강자라 생각하는 사람에게는 그지없이 조심스럽게 대하면서, 자기보다 약자라 생각하는 사람에게는 무례하게 구는 사람들이 꼭 있어요. 손님은 왕이라며 편의점 알바생에게 무조건 반말하고, 택배 기사에게 성질부리고, 아파트 경비원에게 갑질하고, 배달원에게 막 대하는… 요즘은 이런 사람들을 가리켜 '인성 쓰레기'라고 부릅니다. 회사에서도 인성을 의심받는 사람들은 업무 성과를 못 내거나 회의에서 강력히 자기주장을 못 하는 사람들이 아니라 기본적인 인사조차 제대로 안 하는 사람들이에요. 이런 사람들은 자기가 아는 사람들에게만 인사하거나 아까 인사했는데 또 해야 하는지 고민하다 피했다는 등 사연이 다양합니다. 그러지 말고 녹즙 배달해 주시는 분이나, 청소 용역업체 분들이나, 구두 닦으러 들어오시는 분까지 회사 안에서 만나는 모든 분들에게 목례라도 건네세요. 인성 갑으로 보이는 이렇게 쉬운 방법이 있는데 안 하시려고요?

힘없는 악수 하지 마라.
수산 시장에 누워 있는 죽은 생선이더냐?

거래처 남자 대표랑 악수하고 나서 인상이

확 바뀐 일이 있었어요. 체구도 크고 그에 맞게

사업 규모도 큰 사람인데, 세상에… 악수를 했는데

무슨 죽은 생선을 잡은 것처럼 힘도 하나도 없고,

손끝만 성의 없이 잡으면서 대충 눈은 다른 곳을 보는데,

'은근 날 무시하나?'라는 생각부터 들면서

기분이 나빠졌어요.

47세, 외식서비스 서비스사업부 총괄수석

악수 한 번으로 상대방에게 전문성과 신뢰까지 전할 수 있어요.

자기 자신에 대한 자신감과 확신, 상대방에 대한 관심과 존경을 전할 수 있는 악수는 공식적으로 할 수 있는 신체적 접촉으로 강력한 메시지를 전달합니다. 강한 악수는 '나는 자신에 대해 확신이 있고, 당신과 함께 있는 것이 매우 좋습니다.'라는 의미를 전달할 수 있는 반면, 힘이 없는 악수는 '나는 당신에게 관심이 없고, 스스로에 대해 자신감도 없습니다.'라는 의미를 전할 수 있어요. 따라서 악수 한 번으로 전문성, 진실성뿐 아니라 신뢰까지 느끼게 하고 싶다면 다음과 같이 하시면 됩니다. 악수하려는 사람과 충분히 가깝게 선다. 상대방을 향해 몸을 약간 기울인다. 손을 펴서 내밀되 상대방의 눈을 본다. 손은 전체적으로 단단히 쥔다. 정확히 쥐었다고 생각될 때 최소한 한 번, 최대한 세 번 흔든다. 손은 2초 정도 맞잡는다. 미소를 짓는다. 끝!

고작 명함 한 장이라 생각하지 마라.
명함 건네는 하나를 보면 열 매너 안다.

공공 기관 자문 위원으로 위촉되어

초대를 받은 적이 있었어요. 뭐 나름 업계에서

알 만한 분들이 많이 온 자리였어요.

일단 서로들 명함을 주고받으면서 인사하기

시작했는데요. 그중 얼굴 보면 아는 분이셨는데

명함 여분이 얼마 없었는지 유명세가 있는 사람에겐

명함을 건네고, 알려지지 않은 저 같은 사람에게는

받기만 하더군요. 명함으로 차별받아 보니

기분이 영….

49세, IT서비스 서비스사업부 이사

명함은 양손으로 주고받고 받은 명함은 명함 지갑에 넣는다는 기본은 지키세요.

비즈니스 장면에서 빠지지 않는 명함 주고받기야말로 쉬운 것 같아도 어렵습니다. 여전히 명함을 아무렇게나 내미는 사람들이 많은데, 제발 명함은 상대방이 읽기 편한 방향으로 건네세요. 건넬 때 양손으로 건네고 받을 때도 양손으로 받고, 받은 명함은 명함 지갑에 넣는다만 지키면 기본은 하는 겁니다. 그리고 명함의 여분이 얼마 없다고 이 사람에게는 건네고 저 사람에게 건네지 않으면 사람을 차별하는 것 같아 불쾌감을 주는, 대단히 실례되는 행동이에요. 이런 경우 차라리 일절 건네지 않고 명함이 없는 듯 행동하는 편이 낫습니다. 명함이 없을 때 받기만 하지 말고 "저는 OO회사의 OOO입니다. 죄송합니다만, 하필 명함이 떨어졌네요. 일단 문자로 먼저 보내드리겠습니다."와 같이 말하면서 자신의 회사와 이름을 밝히고 명함이 없는 것에 대해 사과한다면 어느 누가 뭐라 하겠습니까?

엘리베이터 먼저 타고 닫힘 버튼 누르지 마라.
열림 버튼에서 인성 드러난다.

고층 건물에서 일하는 직장인들이라면
특히 마음 급한 날 엘리베이터 대기 시간이
얼마나 길게 느껴지는지 다들 아시잖아요.
헐레벌떡 뛰어오는 게 뻔히 보일 텐데 '닫힘' 버튼
누르는 사람은 최소한의 인간애도 없는 것 아닌가요?
저는 이런 졸리는 마음을 알기에 뒤따라오는
사람을 위해 '열림' 버튼을 눌러 잡아주는데,
당연하다는 듯이 쌩하고 타는 인간들은 또 뭔지….

35세, 대기업 건축기획팀 대리

엘리베이터를 먼저 타면 열림 버튼을 눌러 다음 사람이 들어오게 잠시 기다려주세요.

제가 엘리베이터의 상석까지 익히는 것은 바라지도 않을게요. 적어도 엘리베이터를 먼저 타면 열림 버튼을 눌러서 다음 사람이 들어오게 잠시 기다려주고, 문을 잡아준 사람에게 "감사합니다."라는 인사만이라도 건넵시다. 엘리베이터도 지하철과 마찬가지로 내리는 사람이 먼저입니다. 안에 탄 사람들이 다 내리기 전에 냉큼 올라타지 마세요. 엘리베이터 안이 혼잡한데 내려야 하는 경우에는 사람들을 밀치며 내리지 말고 "실례합니다. 내리겠습니다."라고 말을 하세요. 그럼 다들 비켜주잖아요. 그리고 엘리베이터 문 근처에서 있어서 내리는 사람에게 방해될 때도 일단 내렸다가 다시 타면 됩니다. 또한 엘리베이터 안에서는 대화하지 않는게 기본입니다만, 일행들만 탔을 경우 문이 열리기 전까지 얼른 대화를 마칩니다. 그렇다고 방금 내린 사람에 대해 이러쿵저러쿵 얘기하지 마세요. 이번엔 당신이 내릴 차례입니다.

타인의 공간을 침범하지 마라.
사소하게 거슬리는 행동이다.

요즘 카페에서 업무를 보거나 공부하는 사람들이
많은 건 아는데요. 카페 전세 낸 것처럼 구는 사람들이
왜 이렇게 많아요? 간단한 미팅이라 회사 1층
커피숍에서 약속을 잡았는데 자리가 없는 거예요.
그래서 노트북에, 파우치에, 책에, 가방까지 다 올려놓고
여럿이 앉을 자리를 혼자 차지하고 있는 사람한테
좀 앉아도 되겠냐고 물었더니 되레 짜증을 내니….
기가 차서 말문이 막히더군요.

42세, 외국계 제약업 과장

내 공간만큼 타인의 공간도 소중히 여기는
교양인이 되세요.

카페나 공원 벤치에서 자신의 소지품을 죽 늘어놓고 여러 명이 앉을 수 있는 자리를 혼자 독차지하는 사람들, 좁은 길에 일행끼리 가로로 서서 뒷사람들 지나가지도 못하게 하는 사람들, 지하철 안에서 남의 등 뒤에 버티고 서서 좁은 통로를 막아버리는 사람들 모두 공공장소에서 타인의 공간을 침범하는 행동을 일삼고 있는 겁니다. 그 밖에 큰 목소리로 떠들거나, 소음이 심한 전자 제품을 사용하거나, 주차 구역을 많이 차지하거나, 뒷사람이 오는데 문을 잡아주지 않는 행동 등도 사소하지만 매우 거슬리는 행동들이에요. 또 남의 스마트폰 사진첩을 함부로 넘기거나, 남의 모니터 화면을 힐끔거리거나, 남의 물건을 허락 없이 사용하거나, 빌린 물건을 돌려주지 않거나, 미미한 일에 언쟁을 벌이거나, 점심시간 끝난 뒤 늦게 들어오거나, 공동 사용 경비를 제대로 정산하지 않는 등 사내에서 못마땅한 행동도 그만 좀 합시다.

손가락 하나로 가리키지 마라.
양손 사용이 비즈니스 기본이다.

지금 떠올려도 모멸감 느껴지게 하는
예전 상사가 생각나네요. 사람 부를 때
"어이, 거기 이리 와 봐."라면서 집게손가락으로 부르고,
"이거 잘못됐잖아."라며 검지로 서류를 가리키면서
딱딱 내리친 다음, 인상 쓰면서 누가 봐도
'꺼져'인 줄 알게 검지를 공중에서 2번 휙 튕기는데,
상사고 뭐고 들이받을 뻔했었어요.

43세, 대기업 ERP/HR담당 차장

검지 하나로 가리키지 말고 손가락을 가지런히 해서 손 전체를 이용하세요.

집게손가락으로 사물이나 사람 등을 가리키는 행동을 '포인팅'이라고 하는데요. 생후 11~12개월 사이 아기 발달에는 매우 중요한 동작인 이 행위를 어른이 '당신들은'이라든가 '이 사람은'이라는 식으로 가리킬 때 사용하면 '삿대질'로 해석되어 큰 화를 부를 수 있습니다. 특히 손가락 끝으로 듣는 사람의 얼굴 쪽을 향하면 경멸하는 의미로 해석될 수 있어요. 이 행동과 비슷하게 검지 대신 '턱'으로 방향을 가리키는 사람들도 있는데, 이 또한 불쾌하긴 마찬가지입니다. '저쪽입니다.'라고 방향을 가리키거나 설명을 위해서 서류 등을 가리킬 때, 검지 하나로 가리키는 게 아니라 손가락을 가지런히 해서 손바닥을 위로 향하고 손 전체로 가리키면 돼요. 그때 악수하듯 손끝까지 쫙 펴지 말고 손바닥을 약간 둥글게 한 형태로 가리키면 좀 더 품위 있게 보입니다. 이런 손동작에선 리더십까지도 느껴집니다.

자기가 보기 편한 방향으로 물건 건네지 마라. 비즈니스는 타인이 기준이다.

하나를 보면 열을 안다고, 서류나 필기도구 같은

물건을 건네줄 때 보면 대략 감이 와요.

일머리가 있는 사람은 한 번 더 생각할 줄 아니까

언제나 상대방이 읽기 좋고, 사용하기 편하게 건네는 게

몸에 배어 있어요. 반면에 아무 생각 없이

손에 잡히는 대로 건네는 친구들도 많은데,

이런 사소한 동작에서 가정 교육을

의심하게 되더군요.

37세, 제조업 시스템영업본부 과장

물건을 건네고 받을 때는 한 손이 아니라
양손 사용이 기본이에요.

요즘은 문서도 파일로 오가는 경우가 많기 때문에 사람을 만나 직접 서류를 건네는 행위 자체가 거의 없는 게 사실입니다만, 그래도 사인이 필수인 계약서 같은 중요 문서를 주고받는 일은 지속되기 마련이므로 익혀둘 필요가 있습니다. 서류 등을 상대에게 건넬 때는, 우선 상대가 읽기 쉬운 방향으로 정돈하고 나서 서류의 끝을 양손으로 쥐고 건네세요. 그때 상대의 정면에서 불쑥 내밀듯이 건네는 게 아니라 천천히 반원을 그리는 듯한 기분으로 건네면 동작이 세련되어 보입니다. 또 물건을 받을 때도 한 손이 아니라 양손으로 받는 것이 기본이에요. 작은 소품을 건넬 때도 한 손이 아니라 양손으로 들고, 건네는 순간에 상대가 잡기 쉽도록 한 손을 떼고요. 가위나 펜을 건넬 때는 칼날과 펜 끝부분을 상대방에게 향하지 않도록 하고, 상대방이 손잡이 부분을 잡을 수 있도록 건네면 센스 만점입니다.

자기 자리에서 손톱 깎거나 칫솔질하지 마라. 사무실은 자기 집이 아니다.

공적인 자리와 사적인 자리, 그 두 공간 구분이
그렇게 안 되는 건가요? 사무실은 함께 사용하는
공간이잖아요. 조용한 사무실에서 '딱딱' 손톱 깎는
소리가 들리지 않나, 고개 젖히며 미스트를 뿌리지 않나,
점심 식사 후 모니터 보면서 칫솔질하는 건 또 어떻고요….
지정석 없이 근무하는 회사들은 이렇지 않겠죠?

44세, 대기업 경영정보 DT 수석

회사 생활에서는 업무만큼
오피스 에티켓에도 신경 쓰세요.

혼자 있을 때 품위를 지킬 줄 알아야 공식적인 자리에서도 자연스럽게 매력이 배어 나옵니다. 집보다 회사에 머무는 시간이 길다 보니 사무실을 내 집이나 내 방으로 착각하는 사람들이 있어요. 똑똑한 회사 생활을 위해서는 업무만큼이나 신경 써야 할 것이 바로 오피스 에티켓입니다. 손톱은 집에서 깎고, 칫솔질은 세면대에서 하는 거예요. 그리고 치실이나 이쑤시개 사용도 안 보이는 곳에서 하셔야죠. 아무리 시간에 쫓긴다고 해도 머리는 집에서 빗고 나오는 겁니다. 얼굴에 뭐가 났다고 쥐어뜯거나, 코딱지를 파서 던지거나, 발바닥 긁는 모습을 보여주지 마세요. 그 손으로 과자 먹고 키보드를 치다가 반갑다며 악수를 청하지도 마시고요. 나 혼자 있을 때나 할 수 있는 행동은 사무실에 홀로 남아 있을 때라도 하시면 안 됩니다. 고개를 들어 천장을 보세요. CCTV가 24시간 지켜보고 있다는 사실 잊으셨어요?

Positive
Conversation
긍정적인 대화

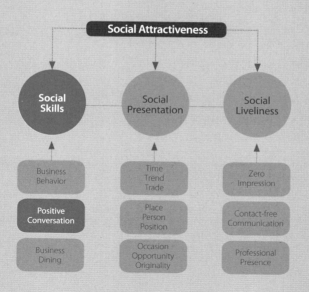

커뮤니케이션 능력은 인맥을 넓히고 인지도를 높이며 이미지를 개선하고 자신감을 고취시켜 한 사람의 경력과 비즈니스 관계, 나아가 회사의 성패까지 좌우한다. 의사소통 기술은 향상될 수 있으며 훈련에 의해 얼마든지 개선이 가능하다는 점을 명심하자. 말에 담긴 내용보다 훨씬 중요한 것이 그 말을 전달하는 방식이다. 얼마나 말을 많이 하는지, 어떤 속도로 말하는지, 어느 정도의 강도로 말하는지에 따라 상대방을 편안하게도 불안하게도 만들 수 있다. 사람들은 말이 많은 사람보다 자신의 말에 귀 기울여주는 사람에게 끌리는 편이다. 특히 첫 만남에서는 말을 많이 하지 않는 것이 유리하다. 말하는 속도는 빠르게 말해서는 알아듣기 힘들고, 너무 천천히 말하면 짜증 날 수 있다. 사람들은 대부분 자신과 비슷한 속도로 말하는 사람에게 긍정적인 느낌을 갖는다. 따라서 말하는 속도를 상대방과 맞추면 매력을 전달할 수 있다. 또 목소리의 톤이 너무 낮으면 침울한 인상을 남길 수 있고, 너무 높으면 상대방을 피곤하게 한다. 질문을 하고 칭찬을 하는 것은 좋은 대화 습관이다. 사람들은 누구나 자신에 대해 말하기를 즐기기 때문이다. 상대방의 이야기를 잘 듣는 방법을 배우는 것도 매우 중요하다는 말이다.

말하는 내용만 신경 쓰지 마라.
말하는 속도와 목소리의 톤이 더 중요하다.

일도 잘하고 싹싹한 남자 후배가 있는데

여직원들 사이에서 인기가 없는 거예요.

참 괜찮은 친구인데 왜 그럴까? 가만히 생각해 보니

목소리가 큰 데다 톤이 딱딱해서 공격적인 말투로

들려요. 이야기도 논리적으로 전달하는 타입이다 보니

잘난 척하는 사람으로 자꾸 보이고….

목소리가 너무 부드럽고 작은 저희 이사님과

반반 섞으면 좋겠다는 생각이 들었어요.

38세, 인테리어업 시공팀 책임디자이너

말하는 속도로 긍정적인 인상을 남기고
싶다면 상대방과 속도를 맞추세요.

말하는 속도가 빠른 사람은 자기가 열정적인 사람으로 보일 것이라고 착각하지만 상대방은 불안하고 공격적이라고 생각합니다. 반대로 말하는 속도가 느린 사람은 스스로 여유 있고 신중한 사람으로 보일 것이라고 착각하는데, 듣는 상대방을 초조하거나 따분하게 만들 수 있고요. 결론적으로 말하는 속도가 빠르냐 느리냐가 중요한 게 아니라 우리는 자신과 비슷한 속도로 말하는 사람에게 안정감을 느끼기 때문에 호감을 갖게 되는 것입니다. 따라서 말하는 속도로 긍정적인 인상을 남기고 싶을 때는 상대방과 속도를 맞추면 됩니다. 또 목소리의 톤이 너무 낮으면 경쾌하지 않은 인상을 주기 쉽고, 너무 높으면 피곤하게 들릴 수 있어요. 그리고 질문할 때는 부드러운 톤으로 말하고, 상대방을 설득하고 싶을 때는 나지막한 톤으로 이야기하면 더욱 효과적입니다.

말 없는 인사하지 마라.
감사하다는 인사는 언제든 환영받는다.

66

직원들 중에 확실히 마음 가는 애들은

인사 잘하는 친구들이에요. 제가 어느덧 경력 20년 차인데

마지못해 고개만 까딱하는 인사랑 마음으로 건네는

인사를 모르겠어요? 기분 안 좋게 출근했다가도

밝은 인사를 받으면 기분이 바뀌잖아요.

이런 인사하는 친구들은 가정 교육도 잘 받은 것 같다는

생각부터 들고. 이래서 제 나이쯤 되면

기본이 중요하다는 얘기가 절로 나오나 봐요.

48세, 금융업 디지털개발부 수석

활기찬 목소리와 미소로 기분 좋게
인사말을 건네며 하루를 시작하세요.

출근해서 아침에 나누는 인사는 자신의 기분뿐만 아니라 상대방의 기분까지도 바꾸는 힘이 있습니다. 그날의 컨디션, 성향 같은 핑계를 대지 말고 그냥 활기찬 목소리로 미소를 띠며 기분 좋게 인사말을 건네는 인사가 하루의 시작이라 생각하세요. 이때 목소리는 상대방보다 살짝 크게 낸다는 기분으로 말하면 경쾌함이 함께 전달됩니다. 다만 상대방이 누군가와 같이 있을 때는 가볍게 눈인사만 하든지 눈치껏 대처합시다. 또 인사말을 건넬 때 'OO 씨, 좋은 아침!'처럼 그 사람 이름을 더해주면 호감이 상승하는데, 감사 인사를 건넬 때도 '감사합니다. OO 씨 덕분입니다.' 같은 식으로 이름을 더하면 마음이 더욱 잘 전달됩니다. 언제 어디서든 몇 번이고 하는 것이 인사지만, 그중에서 특히 감사 인사는 들으면 들을수록 기분이 좋아지는 마법의 말이니까 솔직한 마음을 담아 자주 건네 보세요. 당신의 기분도 좋아집니다.

이전과 비교하면서 칭찬하지 마라.
칭찬이 아니라 비꼬는 걸로 들린다.

66

오랜만에 동창 모임에 나갔었는데요. 모처럼 참석한
친구한테 "살 빠졌구나."에서 끝내면 될걸,
꼭 "지난번에 만났을 때는 배 많이 나왔었잖아."라고
한마디 더하질 않나, 다른 친구한테는
"헤어스타일 잘 어울린다."에서 멈추지 않고
"미용실 바꿨지? 지난번 다니던 데 별로더라."라고
덧붙이더군요. 얜 어렸을 때도 입이 방정이라고
생각했었는데 제 버릇 남 못 주나 봐요.

39세, 외국계 마케팅팀 팀장 99

상대방의 감각이나 노력을 칭찬하는 사람은 어디서든 환영받아요.

만난 사람의 좋은 점을 찾아서 칭찬할 수 있는 사람은 어디서든 환영받습니다. 하지만 그 사람의 과거와 비교해서 건네는 칭찬은 예전에는 부정적으로 생각했었다는 뉘앙스가 전해져서 오히려 상대방이 불쾌해질 수 있으니 주의하세요. 그리고 몸에 지니고 있는 물건이나 직업보다 그것을 '선택한', '성취한' 당신이 훌륭하다는 식으로 그 사람의 감각이나 노력을 칭찬하면 더욱 기분 좋아집니다. 앞으로는 "살 빠지니까 훨씬 예뻐 보인다." "헤어스타일이 달라지니까 너무 세련되어 보인다."라는 식으로 변화한 점이나 노력하고 있는 점을 칭찬해 주세요. 그렇다고 칭찬하는 말을 남발하면 진정성이 떨어져서 아부로밖에 들리지 않으니 주의합시다. "넥타이 색과 슈트가 잘 어울려서 너무 멋지시네요."라고 무엇이 좋은지 한 가지를 콕 찍어서 구체적으로 칭찬하는 습관을 들이면 당신의 매력이 더욱 빛날 거예요.

칭찬받았을 때 정색하며 부정하지 마라.
칭찬한 사람도 예의상 한 말일 수 있다.

저도 모처럼 마음먹고

"부장님, 그 셔츠 잘 어울리세요."라고 진심을 담아

칭찬 한마디를 건넸었는데요.

돌아오는 답변이 뭐였는지 아세요?

"그래? 이거 꽤 오래됐는데…

한두 번 더 입고 버릴까 하고 있었어."라는 거예요.

부장님은 솔직한 답변이라고 한 말인지 모르겠지만,

속으로 '다시는 칭찬해주나 봐라.' 하는

생각뿐이 안 들었다니까요.

36세, 대기업 비서팀 홍보파트 과장

칭찬을 받으면 그냥 웃는 얼굴로 "감사합니다."라고 하세요.

고기도 먹어 본 사람이 잘 먹는다고 칭찬도 할 줄 아는 사람이 받을 줄도 아는 것 같아요. 칭찬이야말로 하는 것뿐만 아니라 받는 것에도 기술이 요구됩니다. 칭찬을 받자마자 꼭 받은 대로 주겠다고 "당신이 더 멋져."라고 되받는 사람들이 많은데, 상황에 따라서는 칭찬한 사람을 무안하게 만들 수 있으니까 그냥 웃는 얼굴로 "감사합니다."라고만 하세요. 상사나 윗사람에게 칭찬을 받았을 때는 일단 "덕분입니다."라고 말하면 노고를 치하한 사람도 기쁜 마음이 듭니다. "제가 뭘요…." "전혀 아닙니다."라는 식의 지나친 겸손은 칭찬한 상대를 겸연쩍게 만들기 때문에 "알아주셔서 감사합니다." "〇〇님이 이렇게 칭찬해주시니 자신감이 생기네요."와 같이 칭찬해준 사람을 대접해주는 표현을 사용해 보세요. 또한 칭찬받았을 때 유머를 섞어 대답하면 분위기가 화기애애해져서 느낌 좋은 대화를 나눌 수 있답니다.

실례가 될 만한 질문은 하지 마라.
호기심도 때와 장소를 가려야 한다.

저희 부장님은 팀원들에게 관심을 표현하신다고
생각하시는 것 같은데 수위 조절이 안 될 때가
있으신 듯해요.
오늘 일이 있어서 회식 참석을 못 한다고 하는 대리에게
"무슨 일? 애인 만나는구나?"라며
꼬치꼬치 묻지를 않나, 누가 새 옷만 입고 오면
"그거 어디 거야? 얼마야?" 하고 물어보는데,
본인이 궁금하면 그 사람이 대답할 때까지
계속 집요하게 캐물어요.

37세, IT서비스 서비스사업부 과장

아무리 궁금해도 지극히 사적인 정보는 묻지 마세요.

친해지고 싶다거나 어색한 분위기를 띄우겠다고 호구 조사하듯이 질문을 연발하는 행위는 실례입니다. "자취하시나요? 전 아직 부모님께 얹혀 지내고 있어요." "저는 집이 〇〇이라 출근하는 데 1시간쯤 걸립니다. 〇〇 씨는 댁이 어디신가요?"라는 식으로 상대방의 개인 정보를 알고 싶으면 자기 정보를 먼저 노출한 후에 질문하는 것이 세련된 방법이에요. 그렇다고 해도 수입, 학력, 결혼, 가족 관계, 연령, 체형, 출산 등 지극히 사적인 정보는 아무리 궁금해도 묻지 마셔야 합니다. 그런데도 꼭 난처한 질문을 하시는 분들이 계세요. 그럴 때는 유머로 되받거나 질문 자체를 흐지부지 얼버무리거나 슬쩍 돌리는 게 좋습니다. 이조차도 하기 싫은 곤란한 질문을 받았을 때는 대답하지 않아도 괜찮아요. 다만 너무 정색하거나 불쾌한 표정을 짓지 말고, "그 질문은 사양하겠습니다."라고 담백하게 전하시면 됩니다.

상사와 대화할 때 은어, 비속어 사용하지 마라. 상사와의 소통은 성과로 연결된다.

저희 상무님은 예의범절에 관심이 많으신 분이거든요.
그런 상무님도 시대 분위기상 밀레니얼 세대를
이해해 보겠다며 팀원들과 자리를 했었는데요.
상무님이 "편하게 얘기들 해."라고 하셨더라도
평소 하던 대로 말하라는 건 아니잖아요?
애들의 졸라와 병맛, 개꿀 등 해석해 드리다가
저야말로 대환장파티에 개피곤했어요.

33세, 공기업 인력개발담당 대리

상사와의 원활한 소통은 곧 인사 고과에서 빛을 발한다는 사실을 명심하세요.

세상이 아무리 바뀌어도 비즈니스 매너의 기본은 '내가 나를 어떻게 생각하느냐'가 아니라 '상사가 나를 어떻게 생각하느냐'입니다. 상사와의 원활한 소통은 곧 인사 고과에서 빛을 발한다는 사실을 모르시는 건 아니죠? 밀레니얼 세대가 종종 놓치는 포인트가 바로 이거예요. 윗사람과 소통을 잘하고 싶다면 우선 질문을 받았을 때 결론부터 말하되 단어뿐인 대답은 하지 마세요. 문장으로 답하시라는 얘깁니다. "그 서류 어디 있지?"라고 물으시면 "회의실이요."가 아니라 "네, 회의실에 있습니다. 가져올까요?"라는 식으로 대답하세요. 그리고 존댓말을 쓰더라도 명령조로 말씀하시면 안 됩니다. "서류 검토해 주세요."는 언뜻 들으면 정중한 것 같지만 명령조잖아요. "서류 검토해 주시겠습니까?"라는 식의 부드러운 톤으로 부탁드려야 합니다. 요즘 이런 고리타분한 예법을 누가 신경 쓰냐고요? 당신의 인사 고과를 평가하시는 윗분들이요.

맞장구 연발하지 마라.
딴생각하고 있는 것 다 안다.

세일즈 하는 후배를 오랜만에 만났는데요.

무슨 얘기를 할 때마다 "아~ 그렇구나." "네네네네."

"으응응응." 하며 맞장구를 잘 쳐주는 거예요.

저도 모르게 신이 나서 계속 떠들다가

좀 전에 했던 대화 내용을 화제 삼아 질문을 했더니

아예 무슨 얘기인지조차 모르는 게 말이 돼요?

10년 동안 갈고닦은 세일즈 기술로 아무 생각 없이

리액션만 하고 있었던 거예요.

43세, 의료업 경영지원팀 차장

동의하는 말을 하는 사이에 눈을 맞추거나 끄덕임을 섞으면 더욱 효과적이에요.

말하기보다 중요한 게 잘 듣기이고, 잘 듣기보다 중요한 게 맞장구를 잘 쳐주는 것도 맞습니다. 맞장구를 치지 않고 멍하니 듣기만 하는 태도도 잘못이지만, 대답을 연발하는 과장된 맞장구는 이야기를 듣지 않고 있다는 신호로도 해석되므로 주의해야 해요. 동의할 때 '네네.' '맞아 맞아.' '그렇네.' 등과 같은 말을 하는 사이에 눈을 맞추거나 끄덕임 등을 섞어서 사용하면 효과적입니다. '네~', '음~'이라기보다 '네~ 그렇군요.' '음~ 몰랐어요.'처럼 한마디를 더하면 훨씬 따뜻하게 전달됩니다. '아, 아팠었구나.' 와 같이 상대방 말을 그대로 되풀이하는 것도 좋은 스킬입니다. 맞장구를 친다며 '그거 ○○이라는 것 아니야?' '그게 이렇게 되는 거지?' '아, 알아. 그건 말이지~.' '있잖아, 내가 말이야~.'라는 식으로 말꼬리를 물거나 말을 앞지르거나 가로채거나 가로막는 일은 하지 맙시다.

동성의 연대를 무시하지 마라.
남녀평등 세상이다.

여직원 모임만 잡히면 조카가 갑자기 아프지 않나,
아님 꼭 그날따라 시골에서 부모님이 갑자기
올라오시는 옆 팀 여직원이 있었어요.
근데 그녀는 모임에 남자만 끼면 집안에 아무 일도
안 생기더라고요. 우리들도 할맒하않이었는데….
아니나 다를까? 회사에서 큰 구설수에 오르더라고요.
그때 여직원 중에 편들어주는 한 명만 있었어도
퇴사까지 몰리진 않았을 거예요.

34세, 무역업 총무처 대리

직장에서 여성성을 드러내면 업무 신뢰감이 약화된다는 점을 기억하세요.

비즈니스 자리는 사회적 매력을 어필해야 하는 곳이지 신체적 매력이나 성적 매력을 드러내는 곳이 아니라는 점을 명심하세요. 더구나 직장 내 성평등법, 차별 금지법 등이 발휘되고 있는 상황에서 여성성을 드러낸다면 전문적이라는 인상을 심어줄 수 없어서 업무 신뢰감이 약화됩니다. 특히 이성과 동성을 대할 때 태도가 달라지는 사람은 자기가 하는 행동을 남들이 모를 거라고 생각하는 듯한데, 이젠 누구도 그 가증스러움에 속지 않아요. 술만 마시면 혀 짧은 소리도 하지 마세요. '실땅님'이 아니고 '실장님'입니다. 듣는 실장님도 불편해하십니다. 그리고 요즘은 남자 후배들도 사회성이 좋아서 여자 선배들에게 립 서비스 잘해요. "요즘 점점 예뻐지세요."라고 그냥 던진 말에 흔들려서 회식 때 젊은 남자들 사이에 앉으려고 애쓰지 맙시다. 명심하세요. 잘 키운 여자 후배 하나 열 남자 후배 안 부러울 날 곧 옵니다.

Business Dining
비즈니스 식사

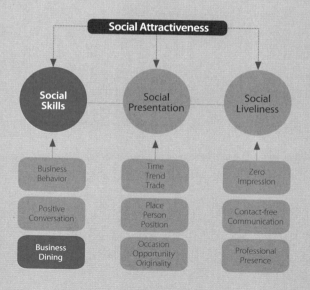

비즈니스 식사에서 요구되는 테이블 매너란 누구라도 기품 있는 식사를 할 수 있게끔 합리적으로 짜여 있다. 만약 잔을 엎어버리는 등의 실수가 있으면 동석자가 불쾌감을 느낄 수 있는데, 매너가 깔끔하면 사전에 실수를 방지할 수 있다는 말이다. 그리고 식사는 혼자 하는 것보다 상대가 있을 때 즐거운 법이다. 식사를 한층 더 즐기기 위해서는 '상대를 배려하기 = 테이블 매너'가 필요하다. 매너는 몸가짐에만 국한되지 않는다. 식사 자리에 맞는 즐거운 대화를 나눈다는 마음가짐으로 대화를 이끌어내는 것도 매너의 일종이다. 테이블 매너를 의식하면서 식사하면, 모든 몸놀림이 아름답고 군더더기 없이 단정한 인상을 줄 수 있다. 식당 직원에게도 깔끔한 매너로 대하고 요리를 즐기면서 정갈하게 먹으면 음식에 대한 감사의 마음을 나타내는 것이 된다. 매너를 잘 모를 때는 동석자를 보고 똑같이 먹으면 된다. 혹시 상대방이 매너를 위반하면 아무 말도 하지 않는 것이 상대를 위한 배려이고 매너다. 언제나 완벽한 매너로 일관하는 것은 고지식하게 여겨질 수 있으므로 캐주얼한 레스토랑에서는 다소 여유로운 매너를 보인다는 구분을 갖고 대처하는 것이 좋다.

메인 요리 마치기 전에 비즈니스 대화 시작하지 마라. 서류를 꺼내도 안 된다.

전화로 먼저 컨설팅 의뢰를 하고 나서

점심 식사를 겸해 관련 미팅을 가진 변호사가 있었는데요.

시간당으로 돈을 받으시는 분이셔서 그렇다고

이해해야 하나요? 인사를 나누자마자 서류 꺼내더니

업무에 관한 본론으로 들어가는데….

이렇게 밥도 먹는 둥 마는 둥 불편하게 할 거면

그냥 자기 회사에서 만나든지

커피숍에서 보면 되는 것 아니었나요?

48세, 대기업 영업MIP팀 부장

비즈니스 식사에서는 그 사람의 품격 수준이 확연히 드러나요.

비즈니스 식사는 공복을 채우기 위해 만나는 자리가 아닙니다. 서로 간의 커뮤니케이션을 증진해서 더욱 친밀한 관계 형성을 목적으로 하는 자리예요. 고작 밥 한 끼를 같이 먹는 자리가 아니라 예약부터 배웅까지의 흐름에서 그동안 살아온 그 사람의 품격 수준이 적나라하게 드러나는 자리이기 때문에 비즈니스 환경에서 매우 중요한 역할을 담당합니다. 세련되지 못한 식습관으로 상대방을 언짢게 하거나 스스로 당황하는 상황이 생겨서는 안 돼요. 일단 식사 중에는 가벼운 주제로 대화를 하세요. 아무리 촌각을 다투는 중요한 비즈니스 대화라 해도 메인 요리의 접시가 치워진 다음에 시작해야 하는 겁니다. 비즈니스 대화가 시작될 때 서류를 테이블 위에 올려놓는데, 이때 테이블이 온통 서류로 덮이지 않도록 주의하시고요. 전문가로서 세련되고 다듬어진 모습은 이렇게 사소한 행동에서 드러나는 것입니다.

식사 테이블 위에 스마트폰 올려놓지 마라.
핸드백도 안 된다.

여러 명이 함께하는 식사 자리에서도

스마트폰 꺼내놓고 보는 사람은 참 경우 없다고

생각했는데… 근데, 한 테이블 4명 이하 자리에선

그러면 안 되는 것 아닌가요?

서로 얼굴 보고 얘기하는데 테이블 위에

올려놓고 중간중간 곁눈질로 내려다보고….

식사 중에 진동음 계속 울리고….

그렇게 바쁘고 중요한 일이 있으면 식사 자리에

뭐하러 나왔는지 하는 생각만 들었어요.

46세, 외국계 금융업 마케팅본부 이사

식사를 시작하기 전에 스마트폰 전원을 *끄고* 가방 안에 넣어 두는 것이 기본이에요.

스마트폰은 식사 시작 전에 전원을 *끄고* 가방 안에 넣어 두는 게 기본이에요. 스마트폰을 꺼놓는 것은 상대방의 시간이 중요하고 그들을 존중한다는 의미를 전달하거든요. 비즈니스 식사 도중에 전화벨이 울리면 대화에 집중하기 어려워질 뿐 아니라 그 자리의 중요성을 인식하지 못하고 있는 것으로 오해할 수 있습니다. 반드시 통화를 해야 하는 경우라면 함께 식사하는 분들에게 미리 양해를 구해 놓읍시다. 동석자들을 배려한다는 마음으로 말없이 슬그머니 나가는 게 오히려 걱정을 끼칠 수 있으니까요. 전화벨이 울릴 때는 한마디 이해를 구한 다음 자리에서 나와 조용하게 용건을 처리하면 됩니다. 또한 들고 온 핸드백이 아무리 작다고 해도 테이블 위에 놓아서는 절대 안 됩니다. 의자 등받이에 거는 것도 서비스에 방해가 될 수 있어서 안 돼요. 핸드백은 허리 뒤나 발끝에 내려놓는 게 기본입니다.

빵을 포크로 찍어 먹지 마라.
빵은 손으로 먹는 음식이다.

콘퍼런스 참석 때문에 호텔에 갔었는데요.

오전 발표가 길어져서 식사가 늦어졌거든요.

다들 배가 많이 고픈 건 이해하겠는데, 제 옆에 앉으셨던

그 훌륭하신 연사분이 웨이터가 빵을 나눠주자마자

나이프를 들더니 빵을 반으로 갈라서 버터를 바른 후

포크로 찍어서 먹기 시작하더군요.

'사회적 지위랑 식사 매너는 별개구나.' 하는

생각이 드는 순간이었어요.

33세, 대기업 인사팀 대리

빵은 손으로 뜯어서 버터나이프로 버터를 바른 후 한입씩 드세요.

좌빵우물(왼쪽 빵이 내 빵이요, 오른쪽 물이 내 물이로다)만큼이나 꼭 암기해야 하는 테이블 매너는 다름 아닌 빵은 포크가 아닌 손으로 먹는 음식이라는 겁니다. 자~ 외우십시오! 빵을 한입에 먹을 수 있는 크기만큼 손으로 뜯는다. 뜯은 빵에 버터나이프로 버터를 바르고, 한입씩 먹는다. 먹을 때마다 빵을 뜯어서 버터를 바른다. 이상! 빵을 손으로 뜯지 않고, 입에 물고 뜯거나 크게 자른 다음 이로 물어서 끊어 먹으면 안 돼요. 하나하나 버터를 바르기 귀찮다고 처음부터 버터를 전면에 발라놓는 것도 절대로 안 됩니다. 또, 빵 부스러기가 신경 쓰인다고 테이블 아래로 쓸어 떨어뜨리거나 어지럽히지 마세요. 이건 웨이터가 나중에 알아서 정리하고 치웁니다. 처음부터 빵이 놓여 있는 경우에는 수프가 나오면 먹기 시작하시고요. 도중에 나오는 경우에는 빵이 나왔을 때부터가 먹는 타이밍의 시작이라고 기억하세요.

팔꿈치를 테이블 위에 올려놓고 먹지 마라.
몸을 숙이며 먹어도 안 된다.

제가 신입 때 외국계 회사에 다녔었거든요.

그때 사수한테 배운 테이블 매너가 비즈니스에

이렇게 도움이 될지 몰랐어요.

당시엔 '밥만 잘 먹으면 되지, 뭐 이런 것까지 신경을 쓰지?'

했었는데…. 식기에 얼굴 가까이 대지 마라,

혀 내밀고 먹지 마라, 테이블 위에 팔꿈치 올리지 마라,

겨드랑이 벌리고 먹지 마라….

사소한 주의가 품위를 가져다주는 것 같아요.

35세, 공기업 기획조정실 과장

식사할 때 하지 말라는 것부터 안 하면
신사 숙녀로 대접받아요.

올바른 식사 매너는 한 끼 식사로 배우기에도 충분할 만큼 간단합니다. 하지 말라는 것부터 안 하시면 신사 숙녀로 대접받을 수 있다는 말이에요. 왼쪽 팔꿈치를 테이블 위에 올려놓고 오른손만으로 식사하는 것은 매너 위반입니다. 그리고 무당벌레가 등딱지를 열고 날갯짓하듯 팔꿈치가 옆으로 뻗어 있으면 난생처음 칼질하는 사람처럼 보여요. 양팔은 자기 옆구리에 붙이고 있으면 됩니다. 그리고 팔꿈치는 왼쪽이든 오른쪽이든 절대 테이블 위에 얹고 식사하시면 안 됩니다. 기억하세요. 팔꿈치는 절대, 팔뚝은 가끔, 손(손목)은 언제나 테이블 위에 올라올 수 있다는 것을요. 테이블 위에 얹어도 괜찮은 것은 손가락부터 팔꿈치 앞쪽까지입니다. 또 어떤 순간에도 그릇을 놓은 채로 몸을 숙여 먹지 마세요. 자세를 바르게 하고 음식물을 입 쪽으로 가지고 와야 신사 숙녀로 보인답니다.

음식을 후루룩후루룩 쩝쩝대며 먹지 마라.
같이 먹는 사람 밥맛 떨어진다.

저희 또래는 아무래도 밥상머리 교육을 받고 자란
세대여서 그런지 같이 밥 먹을 때 크게 걸리적거리는
사람들은 없는 것 같은데요. 은근히 젊은 후배들이랑
식사해보면 눈살 찌푸리게 되는 일이 많더군요.
젓가락질을 불안하게 하는 사람,
후루룩후루룩 아니면 쩝쩝거리며 먹는 사람….
'얘들 스펙 쌓느라 식사 예절을 못 배웠구나~'라는
생각도 해봤잖아요.

44세, 대기업 플랫폼사업본부 팀장

사회적 지위가 올라갈수록 식사 예절에서 품격이 드러나요.

비즈니스 식사의 범위는 고객에만 한정되는 게 아닙니다. 직장 동료나 상사, 부하 직원과의 식사까지 포함입니다. 어떻게 먹더라도 밥만 잘 먹으면 되는 것 아니냐고 묻는 분들에게 드리고 싶은 말은 사회적 지위가 올라갈수록 식사 예절에서 품격이 가늠된다는 사실이에요. 아무리 절친한 친구라 해도 식사 중에 입을 벌린 채로 씹지 말고, 쩝쩝거리거나 입맛을 다시거나, 입술을 붙였다 떼는 등 경박한 소리를 내면 안 된다고 지적해 주긴 그렇잖아요. '후루룩후루룩' 국이나 수프를 마시는 소리나, '질겅질겅' 씹는 소리나, 젓가락 끝 맞추는 소리를 왜 내면 안 되냐고요? 잘못된 식사 습관은 다른 사람 밥맛을 달아나게 만들거나 당신이 지금 먹고 있는 음식이 맛없다고 불평하는 것처럼 보입니다. 또한 씹는 것을 다른 사람에게 보이면서 먹는 행위는 불쾌한 법이니까 씹을 때는 그 입 좀 다무세요.

입에 음식을 머금은 채 말하지 마라.
탐욕스러운 인간으로 보인다.

제가 저희 팀 누구라고 말은 안 하겠는데요.
제발 입에 음식물이 들어 있는 채로 말 좀 안 하면
좋겠어요. 입안의 것이 보일 뿐 아니라 튀어나오기도
하는데 비위 상해 미치겠어요.
무슨 먹방 찍는 것도 아니고, 크게 잘라진 요리를
입안 가득 왜 넣냐고요? 테이블에 나이프 있잖아요.
동물의 왕국에 나오는 짐승도 아니고 왜 이빨로 물어서
잘라 먹냐고 물어보고 싶어요.

39세, 제약업 메디컬 사업본부 과장

식사하면서 대화를 즐기려면 음식을
한입 가득 넣지 말고 조금씩 넣으세요.

입안에 음식물을 가득 넣은 채로 말하지 마세요. 음식물이 튀어 나가거나 떨어질 수 있습니다. 하지만 테이블에서 대화를 하던 중이거나 누가 말을 걸었는데 입에 있는 음식을 꼭꼭 씹어 잘 삼킬 때까지 기다리면 이야기의 흐름이 끊기고, 상대방이 무슨 말을 했는지조차 기억하기 힘들잖아요. 그러니까 현실적으로는 웬만큼 삼키고 입에 조금만 남았을 때부터 조심스럽게 말하면 됩니다. 달리 말해서 한입 가득 먹기보다는 입에 조금씩 넣고 먹으면 언제라도 대화에 참여할 수 있다는 말이에요. 그러기 위해서는 우물우물 씹어 넘기느라 대화를 중단하지 않고도 씹을 수 있는 양이 중요한데요. 그 크기의 기준은 고기라면 2~3cm, 또는 500원 동전 크기 정도로 기억해 두세요. 파스타라면 3~4가닥, 우동면이라면 2~3가닥을 기준으로 자신의 적량을 찾아두면 우아하게 먹으면서 대화를 즐길 수 있습니다.

회식 자리에서 불평불만 늘어놓지 마라.
잠자코 먹고 마시기만 하는 자리도 아니다.

회식 자리 진상들이 꼭 있어요.

회식인데 자리 구분 못 하고 행동하는 사람들이요.

밥을 먹든 술을 마시든 우울한 얘기 좀 하지 맙시다.

식당 분위기나 나오는 음식에 대해 불평할 거면

빠지시던지요. 자기 신세 한탄, 남의 험담하는 것도

듣기 싫지만 혼자서 침울해 있거나

묵묵히 먹고 마시기만 하는 사람도 꼴불견인 것 같아요.

36세, 의료재단 인력개발팀 과장

회식 자리에서는 예의를 지키면서 분위기에 맞춰서 즐기세요.

회식 자리에서 제일 중요한 것은 무엇을 위해 모였는지를 잘 파악하는 일입니다. 환영회나 송별회라면 주인공을 세워주고 그 자리의 분위기를 띄우는 것이 가장 중요해요. 주인공은 제쳐두고 그저 마시고 소란스럽게 끝내는 것은 주인공에게 실례되는 행동입니다. 친한 동료들과의 자리에서도 최소한의 예의를 지켜서 즐겁게 마시도록 하세요. 그 분위기가 무르익도록 모두가 참여할 수 있는 화제를 제공하고 밝게 행동해서 즐겨야 하는 자리임을 잊지 마시고요. 또, 가까운 사람들끼리 개인적인 화제로 분위기가 들뜨지 않도록 주의하고, 주위를 배려하는 마음가짐을 잊으면 안 됩니다. 말하기보다 듣는 편을 즐기는 사람도 있지만, 지루한 표정을 짓거나 입 다물고 가만히 있는 것도 분위기를 망치는 행동이에요. 적극적으로 대화에 끼면서 눈치 있게 적당히 먹고 마시는 사람만이 늘 환영받습니다.

와인에 대해 아는 체하지 마라.
검색창에 물으면 다 나온다.

거래처에서 저녁 초대를 받아 상사를 모시고 간
자리였는데, 와인 동호회에 왔나 싶을 정도로 다들
잘난 척들을 하는데…. 마리아주가 어쩌고저쩌고하면서
희한한 요리를 시키지 않나…. 저희 상무님이 소믈리에
자격증까지 갖고 있는데 소주를 더 사랑하시는
분이거든요. 회사에서도 미식가로 유명하신 분인데,
누구 앞에서 어찌나 아는 척들을 하던지 ….

35세, 대기업 그룹공동 IT서비스팀 과장

가지고 있는 지식이 상당하다고 해도
전문가의 도움을 받는 것이 현명해요.

이제 와인은 비즈니스 미팅뿐만 아니라 일상에서도 즐기는 대중화된 술로 자리 잡은 지 오래되었습니다. 그러다 보니 와인 관련 정보도 넘쳐날뿐더러 더욱 풍요로운 음주 생활을 위해 전문적으로 공부한 사람들도 많이 있는 것이 사실이죠. 가지고 있는 와인 지식이 상당하다고 해도, 레스토랑에서 주문할 때는 안전하게 소믈리에의 추천을 받는 편이 좋습니다. 레스토랑마다 보유한 와인이 제각각인 데다 발음상 실수 등으로 인한 여러 가지 황당한 사태를 방지할 수 있거든요. 그리고 소믈리에는 주문한 음식과 가장 궁합이 잘 맞는 와인을 알고 있는 전문가입니다. 전문가의 도움을 받는 게 언제든 현명한 선택 아니겠습니까? 또 비즈니스 식사 자리에서 와인을 입안에서 굴리거나 소리를 내거나 과장된 표정을 짓는 행동은 제발 삼가 주세요. 부끄러움은 함께 자리한 사람들의 몫이 되니까요.

이젠 그만,
이런 실수 하지 마라.

테이블 매너를 딱딱한 규칙이라 생각하지 마라.

테이블 매너는 일상의 식사를 보다 풍족하고, 즐겁고 아름답게 음미하기 위한 것입니다. 매너라고 해서 너무 딱딱하게 생각하지 말고, 멋지고 근사한 사회인이 되기 위한 레슨으로 시작해 봅시다. 테이블 매너라고 하면 아직도 딱딱한 규칙이라고 생각하는 사람들도 많은데요. 테이블 매너는 누구라도 기품 있는 식사를 할 수 있도록 합리적으로 고안되어 있으므로 엄격한 규칙이라고 생각하지 말고, 함께 식사하는 사람과 즐거운 시간을 갖는 방법이라고 생각하길 바랍니다.

매너를 의식할 필요는 있지만 그렇다고 해서 너무 긴장해서 굳어 있게 되면 행동이 부자연스러울 뿐만 아니라 식사의 맛을 느낄 수 없습니다. 지나치게 완벽한 매너를 구사하려 하지 말고 편안하게 행동하는 것이 자연스럽게 보입니다. 매너를 잘 모르겠거나 실수하더라도 겁내거나 위축되지 말고, 동석자들에 대한 배려의 마음만 잊지 않고 행동하면 매너에 어긋나지 않게 됩니다. 잊지 마세요. 매너의 본질은 상대를 배려하는 마음입니다.

상대방이 매너에 어긋난다고
지적질하지 마라.

함께 동석한 상대방이 매너에 어긋난 행동을 했다고 해서 잘못되었다고 말하지 않는 것 또한 상대를 위한 배려이고 매너입니다. 하지만 가깝거나 친한 사이라면 가르쳐 주는 것도 괜찮습니다. 또한 익숙하지 않은 곳에 초대를 받아 매너를 잘 모를 때는 동석자를 흉내 내서 먹으면 됩니다. 먹는 법을 알 수 없는 요리가 나올 때는 음식점 접객원에게 어려워 말고 편하게 물어보세요. 모르는 걸 묻는 건 결코 창피한 일이 아닙니다.

다양한 음식점이 성행하는 요즘, 어떤 음식점을 가더라고 매너를 지켜야 하냐는 질문을 많이 받는데요. 언제 어디서나 상급자의 매너로 식사하는 것은 상황에 따라서 동석하는 사람들에게 경직되고 불편하다는 인상을 남길 수 있습니다. 패스트푸드점이나 캐주얼한 레스토랑 등에서는 분위기에 맞게 격식에 얽매이지 말고, 자연스럽고 편안하게 식사하는 게 당연히 어울립니다.

사전 예약 없이 손님을
모시고 가지 마라.

즐거운 식사는 음식점 선택에서부터 시작됩니다. 음식의 종류, 술의 종류, 음식점 분위기, 위치, 가격 모두 중요하지만, 함께 가는 사람의 취향과 사정에 최우선을 두고 결정하는 것이 좋습니다. 음식점이 상대의 취향에 맞는 집인지 먼저 물어본 뒤 상대가 동의하면 장소를 확정 짓도록 하세요.

음식점이 정해지면 반드시 사전 예약을 합니다. 요즘은 맛집 인기가 많아서 핫 플레이스 같은 경우 몇 달 전 예약 오픈을 하는 음식점도 많으므로 약속 날이 임박해서 예약하려다 보면 자리가 없어서 낭패를 볼 수도 있습니다. 음식점 예약 앱 등을 잘 활용해서 사전 예약을 하고 반드시 확인합니다. 또한 날짜나 인원 등의 예약을 변경하거나 취소할 때도 빨리 변경된 내용을 알리거나 수정합니다. 약속 시간에 한 사람이라도 음식점에 도착해 있지 않으면 취소로 간주하는 일도 있기 때문입니다. 예약한 시간에 늦어서는 안 되지만 어쩔 수 없이 늦을 것 같은 경우에는 되도록 빨리 음식점에 연락해 놓는 게 매너입니다.

마음대로 좋아하는 자리에 앉지 마라.

음식점에 도착하면 접객원이 자리를 안내해 주기 때문에 그에 따르도록 합니다. 커플일 경우에는 여성이 먼저 걸어가고 남성이 한 걸음 뒤에서 에스코트하세요. 안내받은 자리가 주방이나 화장실 옆 등 마음에 안 들 경우에는 변경을 요구해도 괜찮습니다. 단, 자리가 꽉 차 있거나 예약석 등의 이유로 변경해 주지 못하는 일도 있습니다.

여성의 경우 의자를 빼 줄 때 자연스럽게 앉는 방법은 우선 의자 옆에 서서 음식점 접객원이 의자를 당겨주면 의자와 테이블 사이로 들어갑니다. 다음으로 의자가 무릎 뒤에 닿으면 되도록 깊게 앉는다고 의식하면서 천천히 허리를 내리고요. 마지막으로 테이블과 몸 사이에 주먹 하나 정도가 들어갈 공간이 생기도록 해서 앉으면 우아합니다. 고급 레스토랑일수록 자기 스스로 의자를 빼서 멋대로 앉지 마세요. 의자를 빼 주는 사람이 있을 때는 의자 옆에 서서 차례를 기다리면 됩니다.

'같은 걸로 주세요'라고 주문하지 마라.

처음 간 고급 레스토랑에, 심지어 앞에 있는 사람에게 잘 보이고 싶을 때는 더더욱 메뉴판의 글씨는 눈에 들어오지 않고, 뭘 먹어야 할지 도무지 정할 수가 없게 됩니다. 그렇다고 해서 '뭐든지 좋다.', '같은 것으로 주세요.' 등으로 말하는 것은 취향도 없고, 우유부단하며, 먹는 걸 귀찮아하는 것 같은 부정적인 인상을 줄 수 있으므로 주의하세요. 메뉴판을 갖다주면, 메뉴를 살펴보고 잘 모르는 요리가 있으면 음식점 접객원에게 물어봅시다. 주방장 추천 요리나 인기 요리, 요리의 양 등을 물어보면 요리 선정에 큰 도움이 될 수 있습니다. 잘 못 먹는 재료나 향신료가 있는 경우에는 미리 확인해서 빼달라고 부탁하면 됩니다.

대부분의 레스토랑에는 코스 요리와 단품 요리가 준비되어 있습니다. 동반한 사람들이 코스 요리를 시키는지, 단품 요리를 시키는지에 맞춰서 같이 시키는 것이 좋습니다. 안 그러면 상대가 식사를 마칠 때까지 기다려야 하는 경우도 생길 수 있기 때문입니다.

주문을 마쳤다고 중간에 자리를 뜨지 마라.

조용히 자리에서 일어나기 좋은 타이밍은 주문을 끝낸 직후나 메인 요리가 끝난 후 등 대화를 잠시 멈추기 좋을 때입니다. 이때 중앙 통로로 당당히 걸어 나가는 것이 아니라 다른 사람들 식사에 방해가 되지 않도록 벽 쪽으로 조용히 나가서 빠른 시간 안에 볼일을 보고 오도록 하세요.

여성의 경우 식사 전에 마쳐 둘 일은 잔에 립스틱 자국이 남지 않도록 가볍게 입술을 티슈로 눌러 두는 것입니다. 화장실은 식사 도중에 자리를 비우지 않도록 다녀와야 하는데, 걱정이 되면 착석 전이나 주문을 마친 직후에 다녀오도록 합니다. 그리고 전화를 걸거나 받아야만 하는 용건은 식사 전에 미리 처리해 두세요. 식사가 시작되고 나서 끝날 때까지 중간에 자리를 뜨지 않는 것이 기본 매너이기 때문입니다. 부득이한 경우에 화장실이나 급한 전화 등으로 자리를 떠야 할 때는 사전에 양해를 구하고 다녀오도록 합시다.

냅킨을 함부로
대하지 마라.

냅킨은 자리에 앉자마자 펼치는 것이 아니라 일행 모두가 자리에 앉은 뒤나 주문이 끝나고 난 직후, 혹은 처음 음료를 가져왔을 때 조용히 펼치는 것이 기본 매너입니다. 윗사람이면 타이밍을 잘 봐서 먼저 냅킨을 펴고, 다른 사람들은 윗사람이 냅킨을 편 후 따라서 펴도록 합니다. 모두 우물쭈물하고 있는 것도 어색하니까 윗사람이 솔선해서 펴도록 하세요.

냅킨은 반으로 접어서 무릎 위에 펼치면 됩니다. 겹친 부분을 몸 쪽으로 두는 일이 많지만, 상대 쪽으로 해도 괜찮습니다. 옷감의 소재에 따라서는 냅킨이 미끄러지는 일도 있기 때문에 식사 도중에 냅킨을 떨어뜨리지 않도록 주의합시다. 냅킨의 양 끝을 무릎 아래에 조금 끼워 두면 안심할 수 있겠죠. 그렇다고 해서 벨트나 스커트 허리 부분에 끼워 두면 안 됩니다. 영화 속 한 장면을 흉내 내듯 냅킨의 끝을 목둘레에 끼워 넣는 것은 어린이가 먹다가 자주 흘려서 옷을 더럽히지 않도록 걸치는 경우에만 허용된다는 걸 명심하세요.

냅킨을 아무데나
두지 마라.

서양인들은 냅킨을 사용하는 법만 보고도 그 사람의 출신 배경이나 매너 수준을 어느 정도 가늠한다고 합니다. 그만큼 냅킨 사용법은 쉽지 않다는 말이겠죠. 냅킨의 본래 용도는 입이나 손을 닦는 것입니다. 영화 속 주인공처럼 자연스럽게 냅킨을 사용하려면 손가락이 지저분할 때는 반드시 냅킨의 끝을 조금 들고 안쪽에 닿도록 해서 손가락을 닦습니다. 한편, 입가를 닦을 때는 냅킨의 끝을 끌어당겨서 닦으면 됩니다. 냅킨을 더럽히는 것이 미안하다고 해서 자신의 손수건을 꺼내 사용하지 마세요. 특히 서양인들은 손수건을 보면 기침이나 콧물 등을 닦는 것을 떠올리므로 오히려 불결한 인상을 줄 수 있기 때문입니다.

급한 용무 등으로 식사 중에 잠시 자리를 뜰 때는 냅킨을 앉아 있던 의자 위에 가볍게 접어서 놓아두고 다녀오면 됩니다. 식사를 다 마치고 나갈 때에 냅킨을 각 잡듯이 깨끗하게 접어 두면 '요리가 맛없었다.'라는 의미로도 해석되므로 냅킨을 가볍게 접어서 테이블 위에 올려놓고 나가면 됩니다.

식기와 식기류가 많아도
쫄지 마라.

양식 레스토랑에 가면 테이블에 식기랑 식기류가 미리 놓여 있는 경우가 많습니다. 식기류가 죽 늘어서 있다고 긴장할 필요는 없습니다.

커트러리(나이프, 포크, 스푼)는 사용 순서에 따라서 바깥쪽에서 안쪽으로 향해서 늘어놓고, 디저트용은 가운데 놓인 접시 위쪽에 있습니다. 보통 사용 순서에 맞게 배치하는 게 일반적이므로 대개 바깥쪽에 놓인 것부터 차례대로 사용하면 됩니다. 가운데 접시는 서비스 접시라고도 부르며, 처음부터 세팅해 두고 전채 요리가 나오면 이 위에 올려집니다. 가운데 접시 오른쪽에 물 잔과 와인 잔이 놓이고, 왼쪽에 빵 접시가 세팅됩니다. 잔은 기본적으로 오른쪽부터 순서대로 사용하는데 음료의 선택에 따라서 잔 세팅이 바뀌기도 합니다. 이런 경우에는 음식점 접객원이 알아서 바꿔주니 걱정하지 말고, 그들에게 맡기면 됩니다.

포크와 나이프를 함부로
대하지 마라.

나이프와 포크를 잡는 법은 나이프는 오른손, 포크는 왼손의 각
각 엄지와 중지로 손잡이 부분을 가볍게 쥐고, 검지로 눌러서 잡
습니다. 엄지와 검지에 힘을 주면 단단한 것을 자르기 쉬워집니
다. 생선용 나이프는 힘을 줄 필요가 없으므로 검지를 위에서 누
르지 말고, 엄지와 검지로 나이프를 집듯이 잡으면 됩니다. 스푼
은 오른손으로 사용합니다. 생선 요리에 소스용 스푼이 나오는
경우도 있는데, 그때도 마찬가지로 오른손으로 사용하면 됩니
다. 오른손으로 포크를 잡고 먹는 것은 약식 매너이지만, 매너 위
반은 아닙니다.

식사 중간에 빵을 먹거나 와인을 마실 때는 포크와 나이프를 접
시 가운데에 여덟 八 자로 내려놓습니다. 이때 나이프는 칼날을
안쪽으로 향하게 하고, 포크의 날이 아래를 향하게 하세요. 식사
를 마치면 나이프와 포크를 가지런히 해서 4시 20분 방향으로
접시 오른쪽에 놓습니다. 이때 손잡이가 사선 아래쪽을 향하도
록 놓고요. 포크 날은 위쪽을 향하도록 놓습니다.

떨어진 식기류는
줍지 마라.

실수로 나이프나 포크를 떨어뜨려서 당황한 나머지 테이블 밑으로 차 넣거나 자신이 직접 줍거나 하지 마세요. 그대로 두고 종업원을 불러서 '다시 갖다주세요.'라고 말하고 새것을 받으면 됩니다. 다만 집으로 초대받았을 때는 직접 주워도 실례가 되지 않습니다. 또한 포크 나이프를 틀리게 사용한 걸 알았을 때는 바꿔서 들려 하지 말고 일단 그대로 계속 먹습니다. 먹기 어려우면 다른 것으로 바꿔 쥐어도 괜찮지만, 보통 서브해 주는 음식점 접객원이 눈치껏 치워주거나 필요한 식기류를 놓아주니 걱정하지 마세요. 그보다 중요한 것은 식기류로 사람을 가리키지 않는 것입니다.

나이프나 포크를 손에 든 채로 대화하는 것은 괜찮지만, 가슴선 이상으로 세워 들거나 휘두르거나 사람을 가리키는 것은 결례일 뿐 아니라, 위험하므로 절대로 삼가야 합니다. 나이프를 접시에 내려놓을 때도 칼날이 사람에게 향하지 않도록 안쪽으로 놓는 것이 기본입니다.

팔꿈치를 테이블 위에 대고 먹지 마라.

왼쪽 팔꿈치를 테이블 위에 대고 오른손만으로 식사하는 것은 매너 위반입니다. 팔꿈치를 테이블 위에 얹고 식사하는 모습은 다른 사람들이 보기에 좋지 않은 것은 물론 식사 동작을 흐트리거나 음식을 떨어뜨릴 수 있기 때문입니다.

양식은 기본적으로 나이프를 오른손에 포크를 왼손에 쥐고, 양손을 사용해서 먹는 음식이라는 것을 잊지 마세요. 식사 중에는 반드시 테이블 위로 양손이 올라와 있어야 합니다. 테이블 위에 두 손이 올라와 있지 않으면 손에 독을 지니고 공격하려는 의지가 있다고 해석되었기 때문에 독살에 대한 결백을 나타내는 신호로 양손을 테이블 위에 올려놓았다는 것이 매너의 기원입니다. 테이블 위에 올려 놓여도 괜찮은 것은 손가락부터 팔꿈치 전까지입니다. 테이블에 팔꿈치를 놓거나 턱을 괴는 동작은 절대로 하지 마세요. 식사 중에 다리를 꼬는 행동 역시 하지 마시고요. 식탁보로 가려서 보이지 않는다고 생각해도 허리가 굽어져서 반듯한 자세가 무너지기 때문에 품위 없게 보입니다.

나이프와 포크를 손에 쥐고 옆구리 벌리지 마라.

팔꿈치를 무슨 무당벌레 날개처럼 양쪽으로 펼치면 우스꽝스럽게 보일 뿐 아니라 쓸데없는 힘이 들어가서 포크 나이프를 제대로 잡을 수 없습니다. 양팔을 옆구리에 붙이듯이 가까이 모으고 편안한 자세로 식사하세요. 식사를 멈추고 식기를 내려놓은 채 잠시 쉬거나 대화할 때는 두 손을 테이블에 올려놓으면 됩니다.

나이프와 포크를 잡기 전에 테이블과 몸 사이에 주먹이 하나 들어갈 정도로 앉았는지를 먼저 확인하세요. 바른 자세를 유지하고 있으면 나이프와 포크를 정확하게 잡을 수 있고, 흘리거나 엎지르는 등의 실수도 적게 됩니다. 나이프와 포크는 나오는 요리 순서에 따라 바깥쪽에서 안쪽으로 세팅되어 있기 때문에 바깥쪽에 놓인 것부터 차례대로 사용하면 아무런 문제가 없겠죠.

수프 스푼을 연필 잡듯 아래를 잡지 마라.

접시의 오른쪽에 스푼이 놓여 있으면 수프가 나온다는 것을 알고 있으면 됩니다. 만약 스푼이 디저트용이라면 접시의 위쪽에 가로로 놓여있게 됩니다. 어디에 놓여 있든 간에 스푼, 즉 숟가락은 한식 문화에도 있기 때문에 대부분 익숙지 않은 포크와 나이프에만 신경을 쓰는 경우가 많은데, 스푼 잡는 법에도 격식이 있습니다. 연필 잡듯이 아래쪽을 잡지 말고, 스푼 자루 중간보다 약간 위쪽을 쥐어야 안정감이 있습니다. 오른손 손가락을 가볍게 모아서 스푼 손잡이를 중지 첫 번째 마디 혹은 첫 번째 관절쯤에 올리고 검지로 살짝 받칩니다. 엄지 첫 번째 마디는 손잡이 위에 얹으면 됩니다.

수프를 다 먹은 후에 스푼은 수프 볼에 넣어 두세요. 하지만 작은 수프 볼에 나와 스푼을 꽂아 두기가 안정적이지 않으면 스푼은 수프 받침 접시 위에 내려두면 됩니다.

수프 먹으며
소리내지 마라.

서양식 테이블 매너에서 가장 주의해야 하는 것이 소리를 내면서 먹는 일입니다. 따라서 수프를 먹을 때도 절대로 소리를 내서는 안 됩니다. 국이나 음료처럼 '마신다'기 보다 '흐르게 해서 넘긴다'라는 생각으로, 건더기가 많을 때는 '먹는다'라는 생각으로 대해야 실패가 없습니다. 또 수프가 뜨겁다고 입으로 '후~' 불어 식히는 것도 안 돼요. 천천히 식도록 잠시 놔둔 후에 먹도록 합시다.

수프는 스푼을 가볍게 잡고, 접시의 앞쪽에서 바깥쪽으로 세로 방향으로 움직여서 수프를 떠서 먹는 것이 일반적입니다. 이때 왼손은 접시의 왼쪽에 자연스럽게 덧대면 됩니다. 손목을 구부려서 스푼의 끝을 입에 대서 먹습니다. 스푼의 70% 정도 양을 떠서 입에 수평으로 가져가 스푼을 기울여 흘러 들어가게 먹으면 우아합니다. 수프가 조금 남았다면 수프 접시 안쪽을 왼손 엄지와 검지로 가볍게 기울여서 남아 있는 수프를 끝으로 모아서 마저 떠서 먹습니다.

오른쪽 빵 접시를
탐하지 마라.

빵은 미리 빵 접시에 놓여 있는 경우와 도중에 음식점 접객원이 가져오는 경우가 있습니다. 접객원이 바구니에 담겨 있는 빵을 가지고 오면 선호하는 것을 손으로 집어서 왼쪽에 있는 빵 접시에 놓습니다. 빵은 여러 번 집어와도 흉이 되지 않으므로 처음부터 많이 집어 들지 마세요. 1~2개 정도 놓는 것이 적당합니다. 여러 사람이 원탁에 둘러앉아 식사할 때는 자신의 빵을 잘 찾는 것이 무엇보다 중요한데요. 자신의 빵 접시는 언제나 왼쪽의 것이라는 명심합시다. 빵 접시가 따로 없을 때는 빵을 식탁보 위에 직접 놓거나, 메인 접시 왼쪽 가장자리가 방해되지 않는 곳에 놓아도 됩니다. 하지만 메인 접시 안에 놓으면 안 돼요.

자신 빵을 잘 집어 왔다면 다음엔 버터를 집어 옵니다. 미리 버터가 빵 접시 위에 놓여 있을 때도 있지만, 덩어리 버터로 놓여 있는 경우에는 버터나이프를 이용해서 버터를 적당량 덜어서 자신의 빵 접시에 옮겨 놓습니다.

빵을 포크로
먹지 마라.

빵을 먹을 때는 절대로 나이프나 포크를 써서 잘라서는 안 되고요. 반드시 손을 이용해 뜯어야 합니다. 빵을 한입에 먹을 수 있는 크기로 손으로 찢습니다. 너무 크게 찢으면 무리해서 입안 가득히 넣게 되므로 주의하세요. 빵을 찢지 않고 그대로 이로 물어 뜯거나 끊어 먹으려고 빵에 잇자국을 남기는 행동도 이해받기 어렵습니다. 그리고 뜯은 빵에 버터나이프로 버터를 바르고 한입씩 먹으면 됩니다. 하나하나 버터를 바르기 귀찮다고 처음부터 버터를 전부 발라 놓으면 품위 없게 보입니다. 반드시 먹을 때마다 빵을 찢어서 버터를 바르세요. 덩어리 버터도 수시로 조금씩 접시에 덜어 놓고 이용하는 것이 매너입니다.

빵 부스러기가 신경 쓰인다고 쓸어서 테이블 아래로 떨어뜨리거나 어지럽혀서는 안 됩니다. 그렇다고 빵 부스러기가 떨어지는 것을 방지하기 위해 얼굴을 숙이거나 왼손으로 턱을 받치고 빵을 먹으면 진심으로 없어 보일 뿐입니다.

생선 나이프를
힘줘서 잡지 마라.

생선 요리를 먹을 때는 생선용 포크와 생선용 나이프를 사용합니다. 생선용 나이프는 중국식 언월도처럼 칼등에 불룩하게 솟은 부분이 있는데요. 이 생선용 나이프는 스테이크 나이프를 잡는 것과는 달리 엄지와 검지를 중심으로 가볍게 잡으면 됩니다. 왼손에 쥔 포크를 생선에 가져다 대고, 나이프는 생선을 자르거나 포크 날 위에 생선 조각을 밀어 올리는 용도로 사용합니다. 먹는 방법은 왼쪽 가장자리부터 나이프로 한입 크기로 잘라서 포크로 먹으면 됩니다. 곁들여 나오는 야채 등도 작게 잘라서 수시로 먹고요. 먹을 때 생선 껍질을 떼어 내지 마세요. 잘 익혔기 때문에 같이 잘라서 먹습니다.

생선 요리는 보통 제철의 어패류를 굽거나 찌는 등 여러 가지 조리법으로 나옵니다. 대개는 머리랑 뼈는 잘라서 먹기 편하게 조리되어 나오므로 걱정할 필요가 없지요. 또 생선 요리에는 소스를 듬뿍 사용한 것이 있는데, 그런 것에는 보통 소스 스푼이 곁들여 나오는 예도 있습니다. 이때는 오른손으로 소스 스푼을 쥐고 국물을 떠서 맛보며 생선과 함께 먹으면 됩니다.

스테이크를 전부 잘라 놓고 먹지 마라.

스테이크를 먹을 때는 포크와 나이프를 '八' 자로 잡은 상태에서 왼쪽 가장자리부터 나이프의 끝을 사용해서 한입 크기로 잘라서 먹습니다. 포크를 왼손으로 잡고 포크 날은 아래쪽을 향하도록 확실하게 쥐고, 검지로 나이프의 등을 눌러 힘을 넣을 수 있도록 하고, 나이프 날이 아래를 향하도록 해서 잡으면 됩니다. 고기용 나이프는 앞부분이 톱니처럼 되어 있으므로 자신 몸쪽으로 당기 듯이 한 번에 자르면 됩니다. 나이프를 똑바로 넣으면 고기의 섬유질은 자르기 어려운 법이므로 비스듬히 자르도록 하세요.

고기를 자를 때는 잘릴 토막 쪽에 포크를 꽂거나 눌러 고기를 고정한 다음 나이프로 자릅니다. 이때 반드시 한 번에 한 조각씩만 자르도록 하세요. 처음부터 전부 잘라 놓고 먹지 않는 게 중요합니다. 공기에 접촉하는 시간이 길면 풍미가 떨어지고 육즙이 새어 나와서 본래의 맛을 잃어버리기 때문입니다. 작거나 부드러운 고기를 포크로 찍을 때는 고기 조각 아래에 나이프 날을 받치고 포크를 살짝 비틀어주면 단단히 고정할 수 있습니다.

끽끽 소리내며 톱질하듯
자르지 마라.

바비큐 스페어 립(spare rib)이나, 양 갈비 램 촙(lamb chop)
처럼 뼈가 붙어 있는 고기는 뼈를 손으로 들고 먹어도 상관없지
만, 격식 있는 자리에서는 보기 흉합니다. 하지만 격식 있는 자
리에서도 핑거볼이 나오면 손으로 먹어도 괜찮습니다. 뼈가 붙
어 있는 고기를 자를 때는 뼈를 따라서 나이프를 넣어 고기를 잘
라 떼어 내고, 자른 고기는 스테이크 먹을 때처럼 왼쪽부터 비스
듬하게 한입 크기로 잘라서 먹습니다. 이때 뼈에 가까운 살까지
먹으려면 나이프가 미끄러져서 실수할 수 있으므로 적당한 곳
까지만 먹도록 하세요. 고기가 질겨도 톱질하듯 여러 번에 걸쳐
자르는 모습은 스테이크를 처음 먹는 사람처럼 보이게 하니 주
의합시다.

일단 포크와 나이프를 '八' 자로 잡으면 자세도 반듯하게 나옵니
다. 나이프는 꽉 누르지 말고, 팔을 끌듯이 자르면 쏙 자를 수 있
을 뿐만 아니라 접시와 닿았을 때 주의해야 하는 '끽끽거리는 소
리'를 내기도 어렵습니다.

꼬치구이의 꼬치를 들고 먹지 마라.

꼬치에 끼워져 나오는 브로쉐트(brochette)는 서양 요리의 꼬치구이로 금속제의 큰 꼬챙이가 사용됩니다. 왼손으로 꼬치를 잡고 오른손에 포크를 잡고 꼬치를 빼내서 먹으면 됩니다. 빈 꼬챙이는 접시의 건너 쪽 위치에 놓고 건더기를 잘라서 먹습니다.

꼬챙이가 매우 뜨거울 때는 냅킨을 사용해서 잡으면 됩니다. 식힌 후에 잡으면 고기가 잘 빠지지 않기 때문에 따뜻할 때 먹도록 하세요. 좀 작은 꼬치에 나와도 격식 있는 자리에서 꼬치에 껴 있는 채로 들고 먹는 것은 흉하게 보이니 삼갑시다.

평소 먹는 샐러드라고
아무렇게나 먹지 마라.

샐러드는 고기 요리와 함께 나오는 때도 있고, 전채 요리 후에 나올 때도 있지요. 평소에 먹는 익숙한 요리라고 아무렇게나 먹지 말고, 격식 차린 자리에서는 매너를 의식하는 것을 잊지 맙시다.

샐러드를 먹을 때 역시 생선이나 고기 요리와 마찬가지로 샐러드용 나이프와 포크를 사용합니다. 점심 식사나 오찬에서는 종종 샐러드가 고기 코스와 동시에 나오기도 하는데요. 이런 경우라면 굳이 고기용 포크와 샐러드용 포크를 번갈아 잡을 필요 없이 고기용 포크로 샐러드를 먹어도 됩니다. 또한, 포크만으로도 샐러드를 먹을 수 있을 것 같거나, 혹은 샐러드 속의 큼직한 이파리 등을 포크로 잘라 먹을 수 있다면 나이프는 테이블 위에 그냥 놓아두어도 됩니다. 샐러드를 왼손이 아닌 오른손에 포크를 잡고 먹는 것은 약식 매너입니다. 그렇게 격식을 차리지 않아도 되는 자리에서는 괜찮으니 그럴 때는 왼손을 그릇에 살짝 대고 먹도록 하세요.

샐러드 그릇을 들고
먹지 마라.

샐러드 접시는 메인 접시의 왼쪽 가장자리에 놓여 있기 때문에 먹을 양만큼 메인 접시의 가장자리로 옮겨와서 먹도록 합니다. 옮길 때는 드레싱을 흘리지 않도록 주의하시고요. 양상추와 같이 큰 잎채소는 나이프와 포크를 사용해서 한입 크기로 접어서 포크로 찔러서 먹거나, 야채를 포크에 끼워서 접으면 두께가 생기기 때문에 포크에 꽂기 쉬워지고, 입을 크게 벌려서 먹지 않아도 됩니다. 토마토 등 야채를 한입에 먹을 수 없을 때는 잘라서 먹지만 야채류는 의외로 자르기 힘듭니다. 이때도 나이프로 금속음을 내지 않도록 주의하세요. 특히 작고 오목한 그릇에 담겨 있는 경우에는 식기류가 그릇에 닿기 쉬우니까 주의해야 합니다.

아무리 샐러드 그릇이 작다고 해도 손으로 들어서 먹는 행동은 절대 안 됩니다. 테이블에 놓아둔 채로 먹어야 합니다. 또 샐러드를 포크와 나이프로 잘게 썰어놓지 마시고요. 반드시 먹을 때마다 한입 크기로 잘라서 먹어야 합니다.

새끼손가락 세우고
찻잔을 들지 마라.

코스의 마무리에는 음료를 마시게 됩니다. 보통 커피나 홍차나 녹차 등 선호하는 음료를 주문받으니 좋아하는 것을 선택하세요. 커피는 아이스의 유무 등을 선택하고 홍차는 레몬이랑 밀크를 선택합니다. 취향대로 설탕이나 밀크를 넣고 스푼으로 저은 후 컵이 자신의 몸통 앞쪽이 아닌 컵 받침의 상대방 쪽에 내려놓습니다. 절대 스푼을 찻잔 안에 넣어두지 않도록 하세요. 그리고 오른손으로 컵을 들어 마십니다. 찻잔을 들 때 컵 바닥에 왼손을 받치지 않습니다. 그리고 찻잔 손잡이에 손가락을 끼우는 것도 불안정해 보입니다. 특히 에스프레소 잔처럼 작은 컵에 나왔을 때는 손잡이에 무리하게 손가락을 넣지 말고, 손가락 끝을 가지런히 해서 쥐듯이 잡으면 우아합니다.

찻잔을 들 때는 엄지와 검지를 이용해 가볍게 잡는 것이 기본입니다. 조금 무거운 찻잔은 중지까지 더해서 세 손가락으로 들어올리면 기품이 있게 보입니다. 어느 순간에도 새끼손가락을 세우지 않도록 주의하세요.

디저트를 마음대로
먹지 마라.

일반적으로 디저트 코스에는 과자류가 먼저 나오고, 과일이 나온 후 커피, 차, 주스 등이 나오면서 코스가 끝나는데요. 여러 가지 종류가 함께 담겨 나올 때는 먼저 차가운 것이나 순한 맛부터 먹으면 됩니다. 아이스크림이나 푸딩 등은 스푼으로 먹습니다. 이 때 스푼으로 가운데부터 푹 떠서 먹는 것보다 가장자리 옆 부분부터 먹기 시작하면 모양이 흐트러지지 않게 먹을 수 있습니다.

아이스크림에 곁들여 나오는 과자는 아이스크림을 먹다가 입 안이 얼얼해지는 것을 방지하기 위해 중간에 먹는 용도입니다. 따라서 과자 먼저 먹고 아이스크림을 먹지 마세요. 디저트에 빠지지 않는 사과나 배, 바나나 등 수분이 적은 과일은 디저트용 나이프와 포크로 한입 크기로 잘라서 드세요. 오렌지나 체리, 포도 등은 손을 이용해서 먹고, 씨를 뱉을 때는 손안에 뱉으면 됩니다. 그리고 뱉어낸 씨나 껍질은 접시 가장자리에 모아 두세요.

먹기 어려운 요리라고
먹기를 포기하지 마라.

생 햄 멜론
(Prosciutto e Melone)

전채 요리에 등장하는 대중적인 요리입니다.

생 햄 멜론은 함께 자를 수 없기 때문에 먼저

나이프와 포크로 생 햄을 걷어내서 접시 앞쪽에

놓습니다. 생 햄과 멜론을 각각 한입 크기로 잘라서

함께 포크로 찍어서 먹으면 됩니다.

멜론은 포크로 멜론을 누르고 나이프로 껍질을 따라서

칼집을 넣은 후 한입 크기로 잘라서 먹습니다.

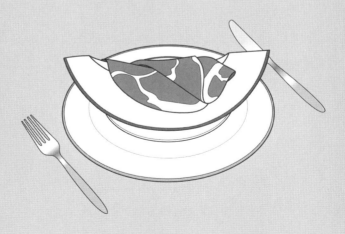

파이로 쌓인 수프
(Puff pastry soup)

파이에 쌓여져서 나오는 수프 종류의 하나입니다.
파이 껍질의 한가운데에 스푼으로 구멍을 뚫어서
파이를 수프 가운데에 떨어뜨려서 먼저 올라오는
향기를 맛봅니다. 떨어뜨린 파이 껍질과
수프를 떠서 먹습니다. 조금씩 떨어뜨리면서 먹고,
그릇에 붙어 있는 파이 껍질은 남기면 됩니다.

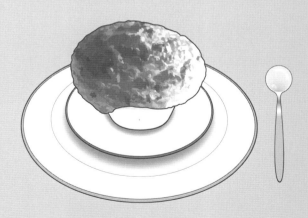

새우 그라탕
(Shrimp Gratin)

새우 껍질에 담겨 있는 요리도 같은 방법으로
먹습니다. 한 번 살을 떼어 내서 요리한 것을
다시 담은 것이기 때문에 나이프와 포크로 살을
떼어 냅니다. 새우 살을 접시의 앞쪽에, 껍질을
건너 쪽에 둡니다. 새우의 왼쪽 끝부터 한입 크기로
잘라서 먹습니다.

파스타
(Pasta)

스파게티나 페투치니 같은 롱 파스타는 한입보다
조금 적은 양(보통 3~4가닥)을 포크로 집어서 접시의
가장자리에서 포크를 세워서 감으면 먹기 좋습니다.
스푼이 딸려 나온 경우에는 왼손으로 스푼을 잡고
스푼 위에서 돌려서 똘똘 말아 먹습니다만, 스푼을
사용하는 것은 어린이용이므로 앞으로는 포크만
사용해 먹도록 하세요. 조개를 사용한 봉골레 파스타는
조개껍질을 왼손으로 잡고 살을 포크로 빼냅니다.
조개껍질은 접시의 가장자리에 모아 두시고요.
펜네나 마카로니 같은 쇼트 파스타는 찍지 말고,
포크에 올려서 드세요.

필라프
(Pilaf)

서양식 영양밥이라고 할 수 있는 필라프를 먹을 때는
오른손으로 스푼을 들고 먹습니다.
마지막의 뜨기 어려운 밥알은 포크로 스푼 위에
올려놓고 먹으면 됩니다.

카레
(Curry)

보통 밥으로 먹는 경우와 난으로 먹는 경우가
있습니다. 밥과 카레가 따로 나오면 카레를 조금씩
끼얹어서 먹습니다. 처음부터 전부 끼얹어 놓고
먹어도 괜찮지만, 그때 전체를 막 비벼서 먹으면
접시가 지저분해집니다. 처음에 밥과 카레의 경계를
먹고 그 후 밥 → 카레 방향으로 먹으면 카레 면적이
적어져서 다 먹고 나도 깔끔합니다.
난으로 먹는 경우에는 난을 한입 크기로 찢어서
오른손으로 쥐고 카레에 찍어서 먹습니다.

포일에 싸서 구운 것
(En Papillote)

포일이나 파라핀 종이로 싼 요리도 같은 방법으로 먹습니다. 우선 나이프로 포일의 중앙에 칼집을 넣습니다. 세로 방향이든 가로 방향이든 상관없고요. 나이프와 포크로 칼집을 크게 벌려서 가운데 살을 한입 크기로 잘라서 먹습니다.

피자
(Pizza)

나이프와 포크가 세팅된 음식점에선 잘라가면서
먹습니다. 대개는 잘려 있기 때문에 한쪽을
왼손으로 잡고, 치즈가 끊기지 않을 때는 포크로
엊어가며 먹습니다. 약간 둥글게 해서 쥐고 토핑을
흘리지 않도록 주의하면서 먹습니다.

빠에야
(Paella)

쌀과 해산물을 전용 냄비에서 지은 스페인의 대표적인
요리입니다. 큰 냄비에 나왔을 때는 덜어서 먹습니다.
자신의 앞에서 중심까지 삼각형 부분을 덜어냅니다.
새우껍질은 손을 사용해서 벗겨 냅니다.
홍합이나 조개껍질은 왼손으로 껍질을 잡고 포크로
살을 찍어서 먹습니다.

샌드위치
(Sandwich)

샌드위치나 햄버거, 마들렌 등을 잘라먹을 때는
필연적으로 이빨 자국이 뚜렷하게 남습니다.
이 자국을 남기지 않고 품위 있게 먹고 싶다면
한입 분량을 두 번으로 나눠 먹으면 됩니다.
씹는 위치를 조금 다르게 해서 두 번 씹는 것입니다.

더욱 깔끔하게 먹을 수 있는 또 다른 방법을
알려 드릴게요. 보통 샌드위치는 양손에 쥐고
가로 방향으로 먹는데 그것을 90도 돌려 세로로 들고
먹으면 치아 자국이 남지 않을 뿐만 아니라
지저분하게 건더기가 옆에서 흘러나오는 일도 없이
깔끔하게 먹을 수 있습니다.

샌드위치뿐만 아니라 햄버거 등도 얼마 남지 않게
되면 돌려서 세로로 잡고 먹어 보세요.
특히 몇 층으로 겹친 클럽하우스 샌드위치를 먹을 때는
양손으로 확실하게 잡고 속 재료가 튀어나오지 않도록
누르면서 먹습니다.

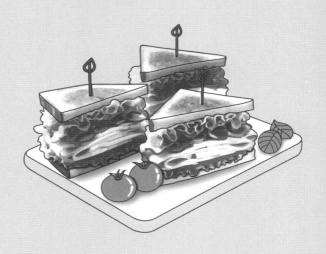

햄버거
(Hamburger)

속의 재료가 많고 두께가 있는 햄버거를 먹을 때
내용물이 빠지지 않도록 먹기 전에 손바닥으로
살짝 눌러서 부피를 조금 줄인 후 먹습니다.
또 보통 많은 사람들은 햄버거 빵의 아래쪽을
엄지손가락으로 지지하고 나머지 4개의 손가락으로
위쪽 빵을 눌러 먹는데요. 더욱 확실하게 먹고 싶다면
양손의 검지, 중지의 2개를 빵 위에 남기고 나머지
세 개 손가락은 버거의 아래쪽으로 돌려 끼워서
잡아 보세요. 이렇게 하면 빵 사이드 부분도 반대쪽도
상하에서 골고루 누를 수 있어서 내용물이
잘 빠지지 않고 빵이 서로 어긋나는 일도 없고
안정적으로 먹을 수 있습니다.

데이트나 어려운 자리에서 입을 크게 벌리고 먹는
모습은 보이고 싶지 않다! 그렇다면 햄버거를

싸고 있는 포장지나 냅킨으로 입가를 가리면 됩니다.

포장지든 냅킨이든 먹는 부분의 위쪽에 와 있는

종이만 가볍게 위로 들어 올리면 간단합니다.

단번에 이 동작 하나만으로도 아주 자연스럽게

입가가 가려져 걱정 없이 먹을 수 있겠죠.

대게
(King Crab)

삶은 게는 우선 다리와 집게를 분리해서 먹습니다.
관절이 아니라 관절보다 조금 다리 살 쪽으로 들어간
껍질 부분을 똑 부러뜨리면 살을 쏙 빼내기 쉽습니다.
게 가위나 크래커를 사용해 껍질을 잘라 속살을
꺼내 먹어도 좋습니다.

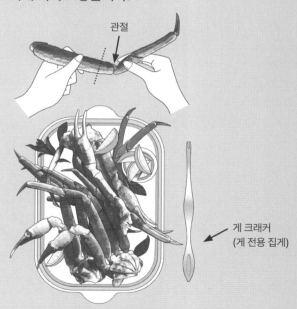

관절

게 크래커
(게 전용 집게)

새우구이
(Shrimp)

젓가락을 이용해 먹을 때는 머리를 왼손으로 잡고,
머리와 몸통의 경계에 젓가락을 넣어서
머리를 빙글 돌려서 떼어낸 후 먹습니다.
다리는 젓가락으로 제거합니다. 포크와 나이프로
먹을 때는 다리를 나이프로 잘라내고 껍질과 살
사이에 나이프를 넣어서 껍질을 제거합니다.
한입씩 잘라서 껍질을 벗기고 먹어도 괜찮습니다.

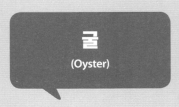

굴
(Oyster)

왼손으로 껍질째 쥐고 오른손으로 손에 쥔 레몬을
꼭 짜서 포크도 사용하지 않고 직접 껍질째로
입으로 가져갑니다. 후루룩 마시듯이 먹으면서
즙까지 쭈욱 마십니다.

닭꼬치
(Chicken Skewer)

닭꼬치는 모두 떼어 내고 먹는 것보다 꼬치에 끼워진 채로 먹는 것이 좋습니다. 꼬치에서 빼내면 육즙이 나온다거나 고기가 식어버리기 쉽기 때문입니다. 캐주얼한 식당이나 나눠 먹지 않아도 되는 경우에는 꼬치 채 들고 먹는 것이 정답입니다. 다만 꼬치의 아래쪽으로 갈수록 조금 먹기 어려워지는데요. 그것만은 꼬치에서 빼내서 먹으면 됩니다.

딤섬
(Dimsum)

샤오롱바오는 육즙과 함께 먹는 음식입니다.
그러나 '한입에 먹기에는 무리다.', '중간에 껍질이
터져 육즙이 흘러나온다.' 등 잘 먹기는 어렵습니다.
만두를 렝게 위에 올린 후 만두피 부분에 조금만
구멍을 내서 내용물을 조금 식혀 한입에 먹거나
새어 나온 육즙을 먼저 마신 후 먹으면 맛을
즐길 수 있습니다.

렝게 →

타코
(Taco)

양손으로 확실히 잡고 앞니를 이용해 물어서
끊어 먹습니다. 타코 원형이 무너지거나 내용물이
넘쳐흐르지 않도록 잡은 손은 수평을 유지합니다.
타코 위에 내용물이 없다면 처음에 타코를 부숴서
먹습니다. 그 후 끝에서부터 그림의 번호처럼
위 → 아래 → 위 → 아래… 순서로 베어
먹어 갑니다.

딸기 쇼트 케이크
(Strawberry Shortcake)

'위의 딸기는 언제 먹어?'라는 질문을 많이 받는데요.
특별한 규칙은 없지만 케이크가 나오자마자 바로
딸기부터 먹는 것은 어린아이들이나 하는 행동으로
보일 수 있습니다. 케이크 부분부터 먹고 딸기를
먹는다⋯라는 것이 성숙한 어른의 케이크 먹는
법이라고 기억해 둡시다. 조각 케이크로 나온 경우
케이크의 사이드를 덮는 셀로판은 포크로 감아서
떼어 내고 먹으면 우아한데 잘하지 못하면 손으로
떼어 내고 먹어도 문제없습니다.

밀푀유
(Mille-feuille)

포크를 찔러도, 나이프로 자르려고 해도 크림이
삐져나오는 밀푀유는 먹기 힘든 디저트의
대표주자입니다. 케이크 모양으로 서브 된 채로는
잘 자를 수 없으므로 일단 과감히 넘어뜨립니다.
이렇게 하면 포크도 찌르기 쉬워지고 나이프를 대도
바삭하게 자를 수 있습니다. 무엇보다 파이가 위에서
밀리지 않기 때문에 크림이 삐져나오는 스트레스도
없어서 깔끔하게 먹을 수 있습니다.

달걀 후라이
(Sunny-side up)

노른자는 처음부터 자르면 흘러내려 접시가
지저분해지기 쉽습니다. 처음에 가볍게 노른자에
칼집을 넣고 한입 크기로 자른 흰자를 노른자에
묻히면서 먹어가면 접시는 깔끔한 상태 그대로
유지할 수 있습니다.

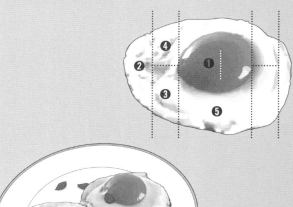

랍스터
(Lobster)

랍스터는 발이 붙어 있는 뿌리 바로 윗부분까지도
먹을 수 있습니다. 집게다리는 관절부터 떼어내고
껍질만 분리하도록 합니다. 꼬리와 몸통을 비틀어서
분리하고 배 쪽에 칼집을 넣으면 됩니다.
껍질을 벗겨낸 랍스터 살을 잘 녹은 버터에 찍어서
먹으면 더욱 맛있겠죠.

묻지도 따지지도 말고
이것만은 절대 하지 마라.

지각하지 마라.

늦게 온 사람이 있으면 식사를 시작할 수 없기 때문에
동석자는 물론 음식점에도 민폐가 됩니다.
처음 방문하는 음식점에 가는 경우에는 특히 더 여유를
가지고 가도록 합시다.

식사 중에 머리카락을 만지지 마라.

식사 중에 얼굴을 만지거나, 머리를 긁적이거나,
흘러내리는 머리카락을 쓸어 올리는 행동을 하면 안 됩니다.
손에 헤어 제품이나 화장품, 유분 등이 묻어서 손으로
빵을 먹을 때 비위생적이기 때문입니다.
손이 가지 않는 헤어스타일로 고정하거나 올리고,
길게 내려오는 스타일은 묶어 두면 식사에 방해가
되지 않습니다.

입을 벌린 채
씹지 마라.

씹는 내용물을 다른 사람에게 보이면서 먹는 것은
불쾌한 법입니다. 씹을 때는 입을 다물고,
쩝쩝 소리를 내면서 씹지 않도록 주의합니다.
식사 중에는 언제나 입을 다문 채 씹고, 입맛을 다시거나
입술을 서로 부딪치거나 급히 떼는 등의 거슬리는 소리를
내는 행위를 절대 하지 마세요.
다른 사람 밥맛을 떨어뜨릴 수 있을 뿐만 아니라,
지금 먹고 있는 음식이 맛없다고 불평하는 것처럼 보입니다.

입에 음식물이 들어 있는 채로 말하지 마라.

입안에 음식물을 가득 담은 채 말하지 마세요.
음식물이 입 밖으로 튀거나 떨어질 수 있습니다.
하지만 테이블에서 대화를 나누던 도중이나 누가 말을
걸었을 때 입에 있는 음식을 꼭꼭 씹어 잘 삼킬 때까지
기다리면 이야기의 흐름이 끊기거나 상대방이
무슨 말을 했는지조차 기억하기 힘듭니다.
상황에 맞게 웬만큼 삼키고 나서 입에 조금만 남았을 때부터
조심스럽게 말하도록 하세요.

입안 가득 넣고 먹지 마라.

아무리 배가 고프더라도 허겁지겁 먹거나 크게 잘라진
요리를 입안 가득 넣는 것은 교양 없어 보입니다.
평소에 한입 가득 먹기보다는 대화가 도중에 끊어지지 않는
자신의 한입 적량을 기억해 두면 언제든 대화에 참여할 수
있습니다.

음식을 이로 잘라 먹지 마라.

음식을 이로 물어서 잘라먹는 것도 매너에 어긋나므로
자를 때에 한입에 먹을 수 있을지 먼저 생각해서 크기를
정하세요. 한꺼번에 입안에 너무 많이 넣고 먹으면
식사를 즐기지 못하고 끼니만 때우는 사람처럼
보인다는 점을 잊지 맙시다.

접시를 교환하지 마라.

식사 도중에 접시나 식기류를 직접 옮기면 안 됩니다.
빵 접시를 자신의 앞으로 옮겨와 먹는다든지 샐러드 접시를
옆으로 옮기는 행동은 금물입니다.
서로 요리를 나눠 먹는 것은 격식 차린 자리가 아니라면
괜찮지만, 접시를 교환하는 것은 안 됩니다.
처음부터 나눠서 먹고 싶다고 이야기하면 음식점 접객원이
나눠서 가져다줍니다.

식사 중에 소리를 내지 마라.

서양식 테이블 매너에서는 식사 중에 소리를 내지 않는 것이
중요합니다. 특히 수프 등을 먹을 때에 후루룩후루룩하는
소리를 내면서 먹거나, 음식을 씹을 때 질겅질겅 소리를
내거나, 포크랑 나이프가 식기에 달그락달그락 닿아서 내는
소리 등도 주의하세요.

몸을 숙인 채 먹지 마라.

수프를 먹을 때, 그릇에 입이 닿을 정도로 고개나
허리를 지나치게 앞으로 숙여서 먹지 마세요.
지나치게 뻣뻣한 자세도 부자연스럽지만, 음식을 향해
큰절을 올리는 듯한 상대방에게 정수리를 보여주는 자세는
품위 없게 보입니다. 절대 입이 음식 쪽으로 접근하지 않도록
주의하세요. 언제나 자세를 바르게 하고,
음식물을 입 쪽으로 가지고 와서 먹으면 우아합니다.

상대방의 먹는 속도와 다르게 먹지 마라.

다른 사람과 식사할 때 자신만 너무 빨리 먹으면 상대방이
초조해지고, 너무 늦게 먹으면 상대방이 기다리게 됩니다.
함께 동석한 상대방과 식사의 속도를 조절하는 것이 배려의
시작입니다.

식사 중 어울리지 않는 대화는 하지 마라.

식사 중에는 그 자리가 밝고, 즐거운 분위기가 되는
화제를 선택해야 합니다. 지저분한 이야기,
야한 이야기는 물론, 정치나 종교 등 논의가 될 것 같은
이야기도 피하는 것이 매너입니다.

음식에 관한 지식을 설파하지 마라.

적당한 지식의 화제 제공은 괜찮지만 집요하게 자기가 아는
이야기만 하지 마세요. 듣는 사람은 지루할 수 있습니다.
또한 음식에 관한 비판은 함께 먹는 사람 중에는 맛있다고
생각하는 사람도 있기 때문에 삼가는 것이 좋습니다.

요리를 남기지 마라.

요리는 먹을 수 있을 분량만을 주문합니다.
식사 약속이 있을 때는 약간 배가 고픈 정도의 컨디션으로
조절해서 참석하면 더욱 맛있게 식사를 즐길 수 있을
것입니다. 설령 테이블 매너를 모른다고 해도
동석자들을 향한 배려하는 마음만 있으면 매너 있는
행동은 자연스럽게 따라옵니다.

맛에만 집중하지 마라.

요리는 먼저 눈으로 보고 감상하고, 향기랑 맛과 씹는 맛 등을
즐겨 봅니다. 오감을 전부 동원해서 맛보면 음식을 더욱
풍부하게 맛볼 수 있습니다. 또한 요리는 그릇과의 조화도
중요하고, 음식을 담는 법도 고안되어 있습니다.
전문 요리사의 미감을 만끽해 보는 것도 좋습니다.

지나치게 사양하지 마라.

'앉는 자리는 말석으로...', '요리는 아무거나...' 등으로
지나치게 사양하는 것은 그 자리의 분위기를 망치게 됩니다.
거만하게 행동해서는 안 되지만, 적극적으로 행동하는 것이
매너입니다. 함께 하는 사람들과 행복한 기분을 만끽하도록
노력합시다.

요리를 오른쪽 가장자리부터 자르지 마라.

양식은 나이프와 포크로 잘라서 먹는 것이 기본이지만
오른쪽 가장자리부터 자르는 것은 안 됩니다.
반드시 왼쪽 가장자리부터 자르세요. 처음부터 전부 잘라
놓고 먹는 것도 해서는 안 됩니다.

레몬즙을 튀게 짜지 마라.

레몬을 짤 때 레몬즙은 의외로 멀리까지 튑니다.
함께 식사하는 사람의 옷이나 몸에 튀는 일도 종종
발생합니다. 반드시 한 손으로 레몬을 짜면서 다른 손으로는
즙이 튀지 않도록 덮으면서 짭니다.

손바닥까지 담그지 마라.

손을 사용해서 먹는 요리의 경우 핑거볼이 나옵니다.
더러워진 손가락 끝부분을 물에 담가 씻은 후 냅킨으로
물기를 닦으면 됩니다. 세면대에서 손을 씻듯이 양손을 함께
넣으면 안 됩니다. 한 손씩 손가락만 가볍게 차례로 담가
씻으세요.

의자에 기댄 자세로 먹지 마라.

의자 등받이에 기댄 자세로 먹으면 예의 없어 보일 뿐
아니라 옷에 음식을 떨어뜨리기 쉽습니다. 등받이에서 등을
떼고 앉으면 반듯해 보이고 식기류 잡기도 편하고
보기 좋습니다. 대화 중 팔을 의자 뒤로 넘긴 자세도
하지 마세요.

냅킨으로 테이블 닦지 마라.

물컵을 엎질렀을 때 당황해서 무릎 위의 냅킨으로 테이블
닦지 마세요. 얼른 컵을 세우고 접객원을 부르면 됩니다.
동석자의 옷에 물을 엎질렀을 때는 자신의 냅킨을 상대에게
주면서 사과부터 합니다. 오해를 불러일으킬 수 있으므로
동석자의 옷을 직접 닦지 마세요.

빵을 수프에 넣지 마라.

빵을 수프에 넣으면서 먹는 것은 빵이 딱딱하거나
수프가 맛없다는 신호인 경우도 있기 때문에 주의합시다.

식기를 옮기지 마라.

식사 도중에 접시나 식기류를 직접 옮기면 안 됩니다.
빵 접시를 자신의 앞으로 옮겨와 먹는다든지 샐러드 접시를
옆으로 옮기는 행동은 금물입니다. 또한 식사가 다 끝났다고
접시를 밀어놓지 마세요. 모든 식기를 그대로 두면 됩니다.

커트러리로 사람을 가리키지 마라.

나이프랑 포크로 사람을 가리키는 것은 실례이고
위험하므로 절대 안 됩니다. 나이프를 놓을 때도
칼날이 사람에게 향하지 않도록 합시다.

트림하지 마라.

한식에서도 마찬가지 매너이지만 서양에서는 특히
트림을 싫어하기 때문에 주의하세요. 하품도 마찬가지로
지루한 것으로 보이기 때문에 동석자에 대한 실례입니다.

나이프로 먹지 마라.

오른손잡이는 오른손이 사용하기 쉬우므로 깜박해서
나이프를 사용해서 먹는 일도 있습니다만 절대 안 됩니다.
나이프에 묻은 소스를 핥아 먹는 것도 절대 하면 안 되겠죠.

소리를 내서 부르지 마라.

'여기요!'라고 큰 소리를 내서 웨이터를 부르는 것은
하지 마세요. 테이블마다 담당이 정해져 있기 때문에
작게 손을 들어서 신호를 보내면 됩니다.

Social
Presentation

사회적 표현력

Time 시간
Trend 유행
Trade 업종

Place 장소
Person 사람
Position 지위

Occasion 상황
Opportunity 기회
Originality 자기다움

사람들이 자신의 사회적 지위와 스타일을 세상에 나타내기 위해 옷 입는 스타일이나 메이크업, 헤어스타일, 액세서리 등 지니고 다니거나 입는 다양한 수단을 의미하는 사회적 표현력은, 복장 규정이 존재하는 직장 생활에서는 중요한 사회적 매력 요소가 된다. 의복과 스타일을 통해 의사를 표현하는 것은 보상을 받게 되어 있으며, 다음 단계로 올라가기 위해서는 옷 입는 법을 아는 것이 필요하다. 따라서 사회적 표현력은 일자리를 얻거나 유지하고 승진을 하는데 결정적으로 중요할 수 있다. 그럼 비즈니스 자리에 맞는 사회적 표현력을 어떻게 인식하면 좋을까? 요즘처럼 다양화된 비즈니스 환경에서는 이제까지 말해왔던 TPO만으로는 좀처럼 해결되지 않는다. 그래서 'TPO의 제곱'으로 비즈니스 스타일을 결정해 가길 추천한다. 틀림없이 완벽한 사회적 표현력을 연출할 수 있을 것이다.

Time 시간
Trend 유행
Trade 업종

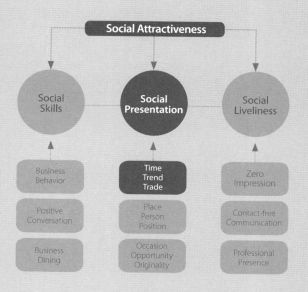

Social Attractiveness

Social Skills

Social Presentation

Social Liveliness

Business Behavior

Time Trend Trade

Zero Impression

Positive Conversation

Place Person Position

Contact-free Communication

Business Dining

Occasion Opportunity Originality

Professional Presence

당신이 입고 있는 복장은 패션에 대한 당신의 감각을 말해주고 그것은 곧 비즈니스를 대하는 방식으로 인식된다. 이처럼 당신이 입고 있는 복장은 지위, 성품, 성격, 교양, 통찰력 그리고 업무 능력에 관한 종합적인 메시지를 보낸다. 따라서 성공을 원한다면 당신은 최고로 전문적인 메시지를 보내야 할 것이다. 지금 당신의 비즈니스 복장을 구상하자. 갑자기 필요할 때를 대비해 깨끗하고 즉시 입을 수 있는 것으로 준비한다. 스마트하고 단정하고 유행에 뒤지지 않고 보수적인 듯하면서 당신에게 맞춘 듯이 잘 맞는 그런 옷들로 말이다. 물론 이 옷들은 아껴두지 말고 적절한 상황에 맞추어 입도록 하자. 업종에 따라서 일할 때, 일상적으로 또는 행사 시에 무엇을 입어야 하는지가 결정된다. 보수적인 성향을 택하는 것은 언제나 안전하다. 지리적 위치, 기후, 계절에 의해 의복의 색상과 소재 등이 정해지는데, 가능하다면 개인의 성향이 묻어나도록 옷을 입도록 한다. 또한 유행되는 패션과 색상을 선택한다. 유행을 좇는 것은 중요하지 않지만 액세서리 등을 이용하여 특히 구두, 색상 등으로 패션의 흐름에 맞추는 것은 멋이 무엇인지를 알고 있다는 사실을 말해준다.

눌린 머리 자국으로 출근하지 마라.
씻지도 않는 게으른 사람으로 보인다.

바쁜 아침이라지만 눌린 머리 자국으로 출근하는 건
아니지 않아요? 아침에 엘리베이터 타고 사무실까지
올라갈 때 멍하니 사람들 뒷모습 쳐다보면
늦잠 자다 놀라서 일어난 모습 그대로인 것
같은 사람들이 꼭 있어요. 하다못해 물만 묻히고
나와도 늦잠 잔 티 안 낼 수 있잖아요.
눌렸다고 왁스 잔뜩 바르면 더 떡진 머리로
보이는 거 모르나…?

39세, 외국계 재경팀 부장

눌린 머리 뿌리에 물을 뿌리면 촉촉하게
적셔져 스타일링이 더욱더 쉬워져요.

늦잠을 잤거나 바쁜 일정에 쫓겨 머리를 미처 감지 못했거나 혹은 전날 자기 전에 머리를 감고 덜 마른 상태로 잔 경우, 아침에 눈 떴을 때 잠잔 자국이 그대로 머리에 찍히는 일이 있습니다. 자고 일어난 후에는 모발이 대부분 뿌리부터 눌려 있기 때문에 수분이 닿기 전에는 스타일링하기가 힘들죠. 이렇게 눌린 머리에 스타일링 제품을 그냥 바르면 뭉치거나 더 지저분해질 수 있어요. 이럴 때는 분무기를 이용해서 눌린 부분의 뿌리에 물을 뿌리면 눌린 모발의 뿌리가 촉촉하게 적셔져 스타일링이 더욱더 쉬워집니다. 먼저 눌린 모발의 반대쪽 방향으로 꾹꾹 손으로 세게 눌러주세요. 그런 다음 물을 조금 묻혀 모발의 끝부분에 유연하고 자연스러운 분위기를 더하면 됩니다. 끝으로 스타일링 제품을 활용해서 마무리하면 완벽해요. 그런데 이마저도 시간이 없다면 물티슈로라도 눌린 자국을 살짝 만져줍시다.

눈곱 달고 현관문 나서지 마라.
설마 아직도 물만 묻히는 세안을 하는 건가?

저희 대리님이 전날 저한테 업무 맡기셨던 게

미안했는지 아침에 오자마자 "OO 씨, 우리 모닝커피

한 잔 할까?"라며 다가오시는 거예요. 그런데 가까이

다가온 대리님의 눈에 낀 누런 눈곱을 본 순간,

어찌나 속이 메슥거리던지….

평소 친한 동기한테 우리 대리님 좀 지저분한 걸로

뒷담화한 적도 있었는데… 이 정도일 줄은 몰랐어요.

26세, 항공업 경영지원팀 사원

대수롭지 않게 넘긴 생활 습관이 더럽고 지저분한 사람이라는 평판을 남겨요.

제가 우리 직장인들의 아침이 얼마나 바쁜지 잘 아니까 눈곱의 허용 시간을 특별히 지하철이나 버스 안까지는 용납해 드리겠습니다. 하지만 눈곱을 동반하고 사무실에 당당히 걸어 들어가지 마세요. 대수롭지 않게 넘긴 이런 생활 습관이 더럽고 지저분한 사람이라는 평판을 남기거든요. 눈곱의 생성 원리부터 살펴보면, 수면 중에는 눈물의 분비량이 적기 때문에 먼지를 씻어낼 수 없어서 눈곱이 생깁니다. 아침에 세안을 제대로 꼼꼼히 해야 하는 이유를 아시겠죠? 분명히 세수를 했는데 눈곱이 붙어 있다면 원인은 두 가지뿐이에요. 일명 고양이 세수를 했거나, 눈에 질환이 있거나. 눈에 질환이 있으시면 얼른 안과부터 가시고요. 그게 아니면 세안 좀 대충 하지 마세요. 낮에 눈곱이 생기기도 하는데요. 그건 눈이 건조해서 생기는 경우가 많으니까 인공 눈물이나 안약 등을 사용해서 눈의 건조를 막아주면 됩니다.

오후 3시에 함부로 신발 벗지 마라.
발 냄새가 절정인 시간이다.

66

이런 괴로움을 회사 대나무숲에 올려도 될까요?

제 앞자리 과장님이요. 오후 3시만 지나면

어김없이 구두를 꼭 벗어요. 물론 종일 앉아서

근무하니 이 시간쯤 되면 다리가 무겁게 느껴지는 건

이해하는데요. 살다 살다 그런 최악의 발 냄새는

처음 맡아보는 것 같아요. 사무실을 쉰내로 뒤덮는….

이 정도면 발을 안 씻는 걸 넘어 병이 있는 것

아닌가 싶다니까요.

31세, 금융업 리스크관리실 사원

외출에서 돌아온 후에는 온종일
구두 안에 갇혀 있던 발부터 닦아주세요.

고릿한 발 냄새의 원인은 발바닥에서 나오는 땀이 피부의 균들과 만나 땀을 분해할 때 악취를 발생시키는 것으로 알려져 있습니다만, 양말을 신지 않는 습관이나 발에 꽉 끼는 구두를 신거나, 같은 신발을 계속 신는 것도 발 냄새를 유발하는 원인이 됩니다. 따라서 흡습성이 좋은 양말을 신고 약간 여유 있는 사이즈의 구두를 2~3컬레 준비해 번갈아 가면서 신도록 하세요. 또 외출에서 돌아온 후에는 온종일 구두 안에 갇혀 있던 발부터 씻어 주세요. 이때 발가락 사이사이를 꼼꼼하게 씻고 물기도 남기지 말고 닦읍시다. 발에 남아 있는 습기도 발 냄새의 원인이 되거든요. 이런 노력들이 언제 어디서든 당당하게 구두를 벗을 수 있는 발로 만들어 줍니다. 그리고 본인이 자기 발 냄새를 자각했을 때는 얼른 구두나 발의 냄새를 제거해주는 제품의 도움부터 받으세요. 발 냄새 지독한 사람으로 기억되고 싶지는 않으시잖아요?

퇴근길 지하철에서 불쾌한 냄새 풍기지 마라. 같은 직장인끼리 배려 좀 하고 살자.

66

지하철을 타면 출퇴근 시간 대단하잖아요.

근데 여름에는 땀 냄새 때문에 괴롭다면, 겨울엔 안 빨고 입는 패딩에서 올라오는 음식 냄새 때문에 미칠 것 같아요.

여기에 한술 더 떠서 저녁에 지하철 타면 음주 후

입 냄새랑 옷에 밴 냄새가 섞여서… 피곤해 죽겠는데

옆 사람이 뿜어내는 불쾌한 냄새 때문에 애써 앉은

자리인데도 벌떡 일어나 다른 곳으로 옮겨간 적도

많다니까요.

34세, 의료업 간호사 99

냄새로부터 자유로워지는 건 청결한 관리뿐이에요.

하루를 마감하는 퇴근길 지하철 안은 각종 냄새로 뒤덮이죠. 특히 밤 9시가 넘어서 타는 사람들은 회식을 마치고 가는 길이라 저녁 메뉴가 무엇이었는지 알려주는 음식 냄새, 입만 열면 풍겨 나오는 술 냄새, 몸에 밴 담배 냄새, 불쾌감을 불러일으키는 땀 냄새 등으로 가득합니다. 냄새로부터 자유로워지는 건 청결한 관리뿐입니다. 따라서 등심이나 삼겹살 같은 냄새가 배는 고기 회식을 했다면 나오면서 식당에 구비되어 있는 섬유 탈취제를 뿌리고, 땀이 나면 바로 닦아 내고, 담배를 많이 피우면 구강 청결에 신경 쓰고, 귀가하면 바로 샤워하는 게 일상화되어야 언제 어디서든 깔끔한 사람으로 환영받아요. 마스크가 일상이 된 요즘, 상대방의 구취부터 온갖 찌든 냄새를 덜 맡게 되어 좋다는 분들도 많습니다. 이 얘긴 바꿔 말해 마스크를 뚫고 들어오는 냄새를 풍기면 최악의 인상으로 전락할 수 있다는 뜻이에요.

복장 규정이 캐주얼이라고 청바지에 티셔츠만 입지 마라. 어른의 캐주얼은 따로 있다.

저희 회사가 올해부터 캐주얼로 복장 규정이

확 바뀌었거든요. 저희 파트장님이 가로 줄무늬 티셔츠와

청바지에 운동화를 신고 나오셨는데….

둘 다 몸에 딱 붙어서 너무 촌스럽고,

운동화는 알록달록한 러닝화여서 딱 봐도

10년 전 야유회 갈 때 입었던 옷차림으로 보였어요.

아이템만 보면 회사가 말한 캐주얼 복장 맞잖아요?

근데 회사에 입고 나올 캐주얼은 따로 있는 것 같아요.

40세, 미디어업 미래사업팀 과장

캐주얼 아이템에 어른스러운 스타일을 더해줘야 세련되어 보여요.

요즘 많은 회사의 복장 규정이 점점 캐주얼로 바뀌는 추세입니다. 그렇다 보니 늘 깔끔하고 단정한 정장을 기본으로 입어왔던 직장인들에게 캐주얼이 어렵게 느껴지는 건 당연해요. 직장인들은 캐주얼이라고 하면 청바지에 운동화를 신는 것만 떠올리는데, 이 생각부터 바꾸지 않으면 캐주얼 차림으로 세련된 인상을 절대 줄 수 없습니다. 또한 분명 얼굴에서는 경력과 나이가 보이는데 옷차림만 대학생같이 입으면 젊어 보이려고 애쓴 차림처럼 보여서 오히려 촌스럽게 느껴져요. 이제부터는 청바지를 입는다면 운동화가 아니라 구두로 스타일에 어른스러움을 더해주고, 스니커즈를 신는다면 청바지가 아니라 앞주름선이 잘 서 있는 바지를 입는 식으로 전신을 캐주얼 아이템으로만 구성하지 않는 게 세련되게 입는 방법입니다. 그리고 오버핏이 대세인 요즘 딱 붙는 옷을 입으면 그 즉시 옛날 사람으로 보인다는 사실을 잊지 마세요.

새까만 색으로 염색하지 마라.
젊어 보이려고 애쓰는 걸로 보인다.

저희 부장님은 흰머리 염색을 새까만 색으로 하나 봐요.

머리카락도 두껍던데 시꺼멓기까지 해서

완고해 보이는 건 당연하고, 너무 고지식해 보여요.

더구나 입는 옷은 늘 아저씨 패션이라

머리만 까맣게 염색한 게 젊어 보이려고

발악하는 것 같아서 안쓰럽게 보이기까지 한다니까요.

자연스럽게 두는 쪽이 더 품위 있게 보이지 않나요?

33세, 대기업 재무회계팀 대리

까맣게 염색하면 젊어 보이기는커녕
얼굴의 주름만 강조돼요.

맞습니다. 나이가 들면서 자연스럽게 생긴 흰머리는 그 자체로 멋진데, 흰머리가 일단 노화의 상징처럼 느껴져서인지 새까맣게 염색하는 분들이 아직도 많긴 해요. 까맣게 염색하는 게 젊어 보이기는커녕 오히려 얼굴의 주름만 강조될 뿐이라는 사실을 어떻게 알려드리면 좋을까요? 중년의 남자가 희끗희끗하게 흰머리를 드러내면 헤어스타일에 가벼움이 나타나서 인상이 밝아 보이는 효과도 가져다주는데 말이에요. 그런데 전체적인 흰머리는 창의적이고 예술적인 분위기를 연상하게 하므로 음악, 미술 관련이나 크리에이티브한 일에 종사한다면 괜찮지만 그 외의 업종에서는 길지 않게 커트하는 것으로 단정한 인상을 남기는 편이 좋아요. 그리고 이건 숨은 팁인데요. 흰머리를 짧게 커트했을 때는 반드시 광택감이 있는 헤어 제품으로 마무리하시면 훨씬 깔끔하고 세련되어 보인답니다.

신입 때 하던 화장법으로 화장하지 마라.
얼굴이 20대가 아니다.

아직도 화장이 20년 전에 머물러 있는

여성 임원을 볼 때가 있어요.

차라리 하지 않느니만 못해 보여요.

예전 화장은 진했잖아요. 요즘은 내추럴 메이크업이

대세인데, 그렇게 진한 화장을 하면 사고관도

아직 그 시대에 머물러 있을 것 같은 느낌도 들어요.

지금은 화장으로도 편안한 인상을 남기는 게

중요한 때인 것 같네요.

40세, 미디어업 미래사업팀 과장

진하지 않게 자연스러운 메이크업으로
깔끔한 인상을 만드세요.

많은 여성이 계절이 바뀌거나 중요한 일정이 생기거나 하면 매번 신상 아이템은 추가하는데, 정작 헤어스타일이나 메이크업은 평생 똑같은 스타일에 머물러 계시는 분들이 상당하더군요. 결론부터 말씀드리면 헤어스타일과 메이크업에 요즘 느낌이 없을 경우엔 뭘 입어도 촌스러워 보입니다. 두꺼운 파운데이션에 진회색으로 그린 눈썹, 반짝이 아이섀도, 티 나게 연장한 속눈썹, 번질거리는 립스틱 등 진한 화장이 너무도 당연했던 시절이 분명 있었습니다만, 요사이 이렇게 화장하면 오히려 나이가 더 들어 보이죠. 자연스러운 메이크업으로 깔끔한 인상을 만드는 게 요즘 메이크업이라고 보시면 됩니다. 요즘처럼 마스크로 얼굴을 다 가리고 다니는 마스크 메이크업에서 핵심은 눈썹에 있습니다. 따라서 아이브로는 확실히 그려서 마스크를 써도 깔끔하고 정돈된 인상을 남기세요.

10년도 더 지난 옷 입고 지속 가능 패션이라 우기지 마라. 빈티 난다.

회사에서 나름 옷에 신경 좀 쓴다는 과장님이 입은

무릎을 가리는 길이의 빨간색 플레어스커트.

누가 봐도 올해 신상을 입었는데, 상의에 걸친 몸에 딱 붙는

청 재킷이 대체 언제 적 거였을지 가늠도 안 되더군요.

신상 옷도 함께 코디하는 아이템이 신상이어야 스타일이

나오지, 예전 옷 잘못 꺼내 입었다가

안 어울리면 바로 빈티 나게 보이는구나 하는 교훈을

얻게 한 스타일이었어요.

29세, 스타트업 외식개발부 대리

유행하는 신상 아이템은 전략적으로
입으세요.

저 이러다 우리 직장인들 옷차림을 보며 득도하겠어요. 왜 이렇게 깨달음을 크게 주시는지요? 일단 신상 아이템을 도 입할 때도 매치가 잘못되면 전체 스타일이 진부해져요. 요 즘 길에 다니면서 길이가 짧고 몸에 딱 붙는 청 재킷 입은 사람 본 적 있나요? 이렇게 대중적으로 거의 보이지 않는 아이템을 입고 싶다면 사적인 자리에서 입는 게 안전합니 다. 그리고 빨간 롱 플레어스커트. 엄청 예쁘지요. 그런데 우리 출퇴근 복에는 욕망을 드러내지 맙시다. 빨강과 파랑 의 만남은 언제 적 배색이에요? 이런 원색끼리의 배색이 젊 어 보이고 싶어 안달하는 것처럼 느껴지잖아요. 그럼 신상 빨간 스커트를 버리냐고요? 청 재킷은 잊지 못할 사연이 있 는 게 아니라면 당장 버려도 돼요. 뒤져보면 옷장에 스포티 한 바람막이 점퍼(블루종) 있을걸요? 그것과 한 번 매치해 보 세요. 뉴 노멀 시대엔 이렇게 입는 것이 정답이랍니다.

스타트업이라고 날마다 같은 옷 입지 마라.
스티브 잡스 아니다.

저희 위층 회사는 사장부터가 개발자 출신이라고
들었으니까 회사에 복장 규정 같은 건 없을 테고,
복장에 신경 쓰지 않는 건 알겠어요. 그런데 같은
건물이니까 그 회사 사람들 자주 보게 되잖아요.
반바지에 삼선 슬리퍼 차림은 그 회사 유니폼 같고….
이번 여름에는 민소매 입은 남자도 봤다니까요.
목에 회사 ID 카드 안 걸고 있으면 누가 회사원인
줄 알겠어요? 초등학생들도 그렇게 입고는
등교 안 할 텐데 말이에요.

35세, 공기업 사업본부 대리

귀찮다고 연일 똑같은 차림으로 출근하지 말고 세련되게 입으세요.

IT 쪽은 근무 환경도, 조직 문화도 일반 기업들과 다른 곳이 많기 때문에 누구 하나 복장에 대해 간섭하지 않는다는 건 잘 알아요. 그래도 사회인으로 보일 수 있도록 편안하면서 세련되어 보이게 입는 것이 관건입니다. 이 말은 다리털 정리 안 된 채 입는 반바지에 늘어진 티셔츠, 겨드랑이 털 삐져나와 보이는 민소매, 사이클 바지나 요가 바지, 플립플롭은 안 된다는 말입니다. 그렇다고 날마다 똑같은 청바지와 터틀넥에 스니커즈를 신는 건 스티브 잡스니까 가능했던 거예요. 스티브 잡스처럼 세상에 한 획을 긋는 사람이라면 인정해 드리겠습니다만, 옷 입는 게 귀찮다고 연일 똑같은 차림새로 회사 가겠다고 생각 마시라고요. 아무도 만나지 않는 작업을 한다고 해도 편안하게만 입는 습관이 오래되면 정작 전문가로 보여야 할 자리에서 옷차림 때문에 기회를 놓칠 수 있다는 점을 명심하세요.

디자인, 광고업계라고 너무 창의적으로 입지 마라. 창의성은 작품에서 드러나야 한다.

이 분야는 크리에이티브란 단어에 너무 몰입한 나머지, 개성 아니면 죽음을 달라는 식으로 연출하는 사람들이 많은 것 같아요. 저희 회사 광고 때문에 경쟁 PT를 진행했을 때 이쪽 업계 분들 많이 보고 나서 든 생각이었어요. 그들의 패션 취향에 대해 참견할 생각은 없지만, 자기 회사도 아니고 초미니 반바지 입고 와서 PT 하는 건 아니지 않나요?

42세, 뷰티업 전략기획팀 차장

크리에이티브하게 입는다는 건 무조건 개성 있게 입는 것과 달라요.

자신의 작품 세계가 몸으로 표현되도록 일관된 주제하에 입을 때 개인 브랜드가 생겨나서 창의적으로 보이는 법입니다. 따라서 이미 유행하고 있는 아이템을 따르지 말고 아예 앞서가거나 20~30년쯤 지난 빈티지 아이템을 활용하는 것도 좋고요. 또한 트레이드마크 같은 스타일을 만드는 것도 창의적으로 보입니다. 가방이나 수첩 등에 이니셜을 새기는 등 자기 정체성을 강렬하게 드러내는 맞춤 아이템을 활용하거나 '나'를 심어줄 수 있는 소품을 정해서 모으고 연출하면 창의성과 멋스러움을 둘 다 잡을 수 있어요. 또 자유로운 업계 분위기상 원 숄더 톱이나 짧은 반바지 등 노출이 심한 아이템으로 개성을 표현하고 싶다면 상하의 중 한쪽만 선택해서 노출 부분을 조정하는 것이 좋습니다. 어떤 업종이라고 해도 비즈니스 룩은 자기만족이 아닌 타인 만족으로 입는 거예요.

대기업, 공기업 다닌다고 너무 무난하게만 입지 마라. 늘 보는 사람 지루하다.

전 예전 신입 때, 아무 생각 없이 민소매 원피스 입고 출근했다가 옆 부서 여자 팀장님한테 불려가 지적당한 적이 있었어요. 그때 이후로 회사 갈 때는 눈에 띄지 않는 스타일로, 아예 유니폼 입는 감각으로 입고 다녀요. 그런데 그 스타일로 친구들 모임에 나갔더니 제가 너무 초라한 거예요. 그날 이후로 옷장이 회사에 입고 가는 용이랑 친구 만나는 용으로 나뉘었잖아요.

39세, 광고업 광고전략팀 과장

기본에 충실하면서 스마트한 인상을
줄 수 있는 오피스룩을 연출하세요.

대기업이나 공기업의 기업 문화가 과거에 비해 자유롭고 개방적인 형태로 변화되었다고는 하지만, 임원진은 여전히 보수적인 성향을 가지고 있는 경우가 많습니다. 게다가 점점 더 협업이 중요한 비즈니스의 영역이 되면서 튀는 사람보다는 조직 안에서 조화를 이룰 수 있는 사람을 선호하죠. 이러한 특성을 반영하여 기본에 충실하면서 스마트한 인상을 줄 수 있는 오피스룩을 연출하는 게 현명합니다. 회사의 규정이 캐주얼로 바뀌었다고 해도 블랙, 네이비, 그레이, 화이트, 베이지, 브라운, 카키를 기본색으로 구성해서 약간 보수적인 인상을 남기는 것이 신뢰감을 주는 건 당연해요. 그리고 예의를 지켜야 할 클라이언트를 만날 때나 신뢰감을 주는 인상 관리를 해야 할 때는 상대방의 비즈니스 룩에 맞추되 반드시 재킷을 걸치도록 합시다. 어떠한 차림에도 재킷 하나만 걸치면 갖춰 입은 느낌을 줄 수 있으니까요.

패션, 뷰티업계라고 자유로운 영혼처럼 보이지 마라. 고객의 수준과 맞아야 한다.

직업이 뭐냐고 물었을 때 디자이너라고 하면
사람들 고정 관념이 있는 것 같아요. 어딘가 튈 거라고
기대한다고 할까? 어쨌든 좀 더 감각적이고
예술적인 이미지를 줘야 사람들이 신뢰하는 듯해요.
그런데 우리 업계에서는 좀 튀더라도 패션 감각으로
보이는데, 거래처에 따라서는 개성이 너무 강한
옷차림이라고 불편해하시는 임원분들을
만난 적도 있어요.

43세, 의류업 제품개발팀 수석디자이너

창의력이 요구되는 직종에서는
패턴, 컬러, 액세서리로 개성을 표현하세요.

패션 디자이너나 헤어 디자이너처럼 창의성이 경쟁력이 되는 직업을 가진 사람들이 보수적이고 일률적인 옷차림을 하면 개성과 창조성이 부족한 사람이라는 인상을 줄 수 있습니다. 따라서 포인트 액세서리나 메이크업, 독특한 커팅의 디자인 아이템을 적절히 믹스하면 직업에 대한 기대치를 세련되게 만족시킬 수 있어서 효과적이죠. 더욱이 패션이나 뷰티업계는 그 시기의 트렌드를 반영한 스타일을 연출하면 스스로 트렌드 리더가 되어 패션 감각과 경쟁력을 지닌 사람으로 포지셔닝 할 수 있습니다. 이처럼 창의력이 요구되는 직종에서는 패턴, 컬러, 액세서리로 개성을 표현하는 게 좋은 전략이 되는데요. 강렬한 색 대비를 즐기거나, 큼지막한 액세서리나 주얼리를 겹치거나, 프린트 아이템 등을 적극적으로 활용하는 것으로 자신만의 시그니처 룩을 연출하는 방식도 추천합니다.

금융, 법조계에 종사하며 화려하게 치장하지 마라. 신뢰감은 거저 얻어지는 게 아니다.

은행을 갔었는데요. 창구에서 고객을 응대하는 텔러의 손을 보고 주춤한 적이 있었어요. 아무리 네일 아트가 흔해졌다지만, 긴 손톱은 말할 것도 없고
열 손가락에 보석이 달려 있는 걸 보니까 우리 직원도 아닌데 '얘는 대체 무슨 정신으로 일하는 거야?'라는 생각이 들었어요. 트렌드는 정도껏 받아들여야 세련되게 보이는 것 같아요.

39세, 대기업 교육사업부 차장

성실하고 깔끔한 이미지로 고급스러운 핏과 소재를 선택하세요.

금융, 법조계는 무엇보다 신뢰감을 주는 성실하고 깔끔한 이미지가 최상이지만 너무 수수하면 어두운 인상을 줄 수 있으므로 주의하세요. 남성의 경우, 네이비나 그레이 슈트에 흰색이나 하늘색 셔츠, 화려하지 않은 넥타이 착용이 언제든 환영받습니다. 여성의 경우, 가장 단정하게 입으려면 무늬 없는 어두운 재킷과 무릎을 가리는 펜슬 스커트 혹은 정장 바지, 무늬 없는 블라우스나 셔츠, 혹은 재킷 아래에 소재가 매끄러운 민소매 톱을 입으면 되고요. 핏과 소재는 고급스러운 것을 고르고 옷이 서로 어울리도록 구성합니다. 전체적인 색감은 조화를 이뤄서 감각적인 인상을 주는 게 좋아요. 검은색은 피부나 컨디션에 따라 칙칙하게 보일 수 있으니까 검은색을 고집하지 말고, 최대한 검은색과 비슷하면서도 피부색에 맞는 어두운 남색, 어두운 밤색, 회색 등으로 미묘한 톤을 살리는 것이 효과적입니다.

교육, 서비스업인데 몸에 딱 붙게 입지 마라. 보는 사람이 불편하다.

우리 학교는 새로운 교사가 부임할 때마다

교감 선생님이 따로 불러서 복장 규정을 알려주세요.

일단 너무 달라붙어서 볼륨이 드러나면 안 되고,

상의도 너무 파이면 안 되고, 그리고 속옷 비치는

블라우스 안에 꼭 톱을 입으라고 해요.

젊었을 때는 나도 너무 심하다 싶었는데,

남학생들 앞에서 늘 수업해야 하는 여교사 입장에서는

조심해서 나쁠 건 없다 싶네요.

43세, 고등학교 교사

딱딱하지 않고 릴렉스한 스타일을 연출하되 단정해 보이도록 입으세요.

교육이나 서비스업계에서는 친근함을 어필하는 게 좋으니까 딱딱하지 않고 릴렉스한 스타일을 연출하도록 합니다. 하지만 자기 기준으로 지나치게 편안하게만 입으면 단정하지 않은 인상을 줘서 전문가로 인정받기 어려워요. 편한 옷차림을 한다고 해서 바지를 입고 등을 굽혔을 때 허리나 엉덩이 골이 보이는 것처럼 본인은 편하게 입은 옷이 보는 사람을 민망하게 만들 수 있으니 주의하세요. 어떤 경우에도 활동을 불편하게 하는 옷은 입지 않는 게 당당해 보입니다. 그리고 아무리 보수적으로 보이는 옷을 입었다고 해도 속옷 자국이 보이면 칠칠하지 못하게 느껴집니다. 몸매가 드러나는 바지나 타이트스커트를 입는다면 재봉선이 없는 팬티를 입고, 딱 붙는 티셔츠를 입고 싶다면 레이스나 장식이 없는 브래지어를 착용해야 깔끔한 인상을 줄 수 있어요.

홍보, 마케팅업계면서 차분한 인상 남기지 마라. 활동적인 인상을 줘야 한다.

저희 과장님은 영업 쪽에 있다가 오신 분인데

넥타이가 하나밖에 없는지 매일 똑같은 타이에,

넥타이를 풀지도 않고 그대로 벗어놨다가

그대로 매고 오는 것 같아요.

넥타이가 분명 노란색인데 매듭 부분에는 손때가

꼬질꼬질하게 묻어 있고….

그래도 우리가 마케팅 팀인데 트렌드를

리드하지는 못해도 고루한 인상을 주면 안 되지 않나…?

30세, 제약업 마케팅팀 대리

트렌드와 자신의 개성을 조화시키고
활동적인 스타일을 연출하세요.

홍보나 마케팅 계통은 트렌드와 자신의 개성을 잘 조화시켜 센스와 스타일이 느껴지도록 연출하는 것이 중요한 업종입니다. 업무의 특성상 회사 외부의 사람들을 자주 만나야 하므로 활동적이고 적극적인 자세를 전달해야 해요. 따라서 평범한 슈트 차림보다는 생동감이 느껴지는 색상으로 세련된 감각이 돋보이면서도 활동적인 스타일을 연출하는 것이 좋아요. 기본적으로는 심플한 팬츠 슈트를 선택하여 도회적인 느낌을 자아내면 됩니다. 블랙 스트레이트 팬츠에 블루 핀 스트라이프 셔츠와 블랙 재킷은 언제나 세련된 이미지를 남깁니다. 블랙 앤 화이트, 블랙 앤 그레이 역시 모던한 컬러 콤비네이션으로 추천해요. 지나치게 대담하거나 화려한 스타일은 오히려 전문가의 신뢰도를 떨어뜨릴 수 있으니까 주의하세요. 액세서리를 활용해 간결하면서도 포인트를 갖춘 옷차림으로 완성하면 늘 안전합니다.

영업, 세일즈 하면서 너무 튀게 입지 마라.
옷이 아니라 사람이 기억에 남아야 한다.

전 세일즈맨이 멋 부렸다는 인상을 받으면 신뢰감이
안 가요. 젊은 사람들 정장 스타일인 건 알겠는데,
맞춤 슈트 같은데 발목 보이는 바지 길이에 더블 재킷,
손목에 이니셜 박힌 맞춤 셔츠에 얇은 넥타이를
무슨 교복처럼 많이들 입던데….
그것보다 구김 관리를 잘하는 게 깔끔한 인상을 줘서 고
객한테는 더 신뢰받는 걸 모르나 봐요.

48세, 외국계 트레이닝팀 본부장

고객에게 신뢰감을 주면서 사교적이고
다가가기 쉬운 분위기를 연출하세요.

사람들을 대하는 일이 많은 영업이나 판매 분야에서는 고객에게 신뢰감을 주는 동시에 사교적이고 다가가기 쉬운 분위기를 연출하는 것이 업무 성과에 도움이 됩니다. 따라서 최신 유행의 디자인보다는 약간 보수적인 디자인이 적합하죠. 남성의 경우, 차분하고 편안한 느낌을 주는 회색 계열의 정장에 잔잔한 무늬의 넥타이를 매치하면 전체적으로 통일된 이미지로 상대방의 마음을 안정시키는 효과를 줄 수 있습니다. 여성의 경우, 상의나 하의 중 한 곳에는 밝은 톤의 아이템을 매치해 친근한 인상을 어필하세요. 귀에 달라붙는 작은 스터드형 귀걸이나 자그마한 목걸이는 착용해도 되지만 눈에 띄는 주얼리나 장식적인 슈즈는 가볍고 사치스러워 보일 수 있으니까 피하는 게 좋습니다. 또 깨끗하게 잘 닦인 구두는 자기 관리가 잘 된 인상을 남기므로 남녀를 불문하고 고객과 만남이 잦은 직업에서는 주의를 기울이세요.

Place 장소
Person 사람
Position 지위

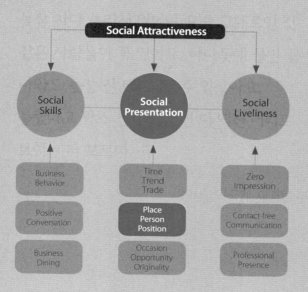

당신이 말을 시작하기 전에 입고 있는 복장은 이미 당신에 대해 많은 것을 말해주고 있다. 첫인상을 전달하는 짧은 몇 초 안에 전문적으로 다듬어진 당신의 모습은 경쟁력과 지식을 나타내고, 말로는 부족한 공백을 메꾸어준다. 비즈니스 세계에서 당신이 보여주는 전문가다운 모습은 말로 표현되지 않더라도 어마어마한 것이며 비즈니스 거래에 막대한 영향을 주게 된다는 말이다. 따라서 당신의 모든 것에 주의를 기울여야 한다. 당신의 모습은 사무실에 들어설 때, 인터뷰에 응할 때, 회의실에 들어설 때, 화상 회의에 참석할 때, 프레젠테이션을 할 때, 일을 할 때 또는 동료들과 어울릴 때 언제든 관찰되고 있다. 당신이 옷을 입는 방법은 자신에 대한 존중, 전문성, 소속된 사회와 회사를 표현하며, 또한 당신이 제공하는 상품과 서비스를 보여준다. 당신의 외모는 바로 보이는 이력서다. 일을 새로 시작하게 되었을 경우나 새로운 지역으로 이동하게 되었을 때는 다른 사람들이 직장에서 어떻게 옷을 입는지 살피도록 해라. 특히 당신과 같은 분야 또는 같은 직종에서 일하는 사람들을 참고하는 것이 좋다. 만약 어떤 옷이 적당한지 확실치 않다면 상사에게 의견을 묻는 것이 언제나 탁월한 선택이다.

포켓치프 꽂은 채 상갓집 가지 마라.
축하하러 가는 자리가 아니다.

우리 회사 멋쟁이로 통하는 차장이 있는데요.

늘 슈트도 맞춰 입고 자기 관리도 철저해서

운동도 열심이라 몸도 다부지고….

일반 회사에서 보기 드문 비주얼이긴 해요.

근데 지난번 파트장님 어머니가 돌아가셔서

상갓집을 같이 갔어요. 폭이 좁은 검은 타이에

딤플도 잡혀 있고, 가슴엔 포켓치프가 꽂혀 있는데….

이 사람이 뭘 몰라도 너무 모르는구나 싶었어요.

45세, 미디어업 광고홍보실 부장

조문은 멋을 내지 말고 수수한
복장으로 가세요.

조문은 뜻밖에 닥치는 일이기 때문에 당황하기 쉽지만, 아무리 급해도 고인이나 유족에게 실례인 복장으로 문상을 가서는 안 됩니다. 문상 시에는 특히 눈에 띄지 않는 옷차림이 기본이므로 멋을 내는 일은 금물이죠. 가슴 포켓에는 아무것도 꽂혀 있으면 안 되고, 넥타이 매듭에 멋을 부리는 것도 절대 안 됩니다. 갑작스러운 부음 소식을 듣고 조문을 갈 경우에는 반드시 검정 슈트를 입지 않아도 괜찮습니다. 단, 수수한 색으로 너무 캐주얼하지 않은 복장이라면 상관없습니다만, 이럴 때는 조금 빨리 가는 것이 매너예요. 그리고 에나멜이나 반짝이 등 광택이 있는 소재나 골드 액세서리 같은 반짝거리는 아이템은 조문 예의에는 전부 어긋납니다. 끈이 없는 로퍼 같은 캐주얼한 구두보다 끈 묶는 타입의 스트레이트 팁이 조문할 때도 기본이에요. 이런 최소한의 기본을 지킬 줄 알아야 어른입니다.

여름이라도 민소매 입고 상갓집 가지 마라. 맨발도 안 된다.

가끔 드라마를 보다 놀랄 때가 있는데요.

여자 조연이 남자 주인공의 상갓집에 간 장면이었는데,

가슴이 V자로 화끈하게 파인 검정 민소매 원피스를 입고

등장하는 거예요. 상주에게 조문할 때는 오른손으로

가슴을 누르며 인사하고….

아무리 드라마라지만 결혼식 하객 패션으로 가기에도

너무 야한 저런 차림으로 상갓집을 가게 하다니….

이런 건 검증 좀 하면 안 되나요?

41세, 법률사무소 변호사

장례식은 애도의 자리이므로 노출이나 화려함은 피해야 해요.

장례식 자리는 축하가 아닌 애도의 자리입니다. 따라서 어떠한 노출도, 화려함도 드러내서는 안 되죠. 가급적 검은색이되 섹시하지도 펑퍼짐하지도 않게 입는 것이 가장 좋습니다. 검은색 정장이 없을 경우 최대한 어두운 회색, 남색 등을 입으면 됩니다. 주의할 것은 여름이라도 소매가 달린 옷이어야 해요. 요즘은 맨발로 다니는 여성분이 많은데, 스타킹이나 페이크 삭스 같은 것을 준비해두고 조문 전에 반드시 신도록 합시다. 구두는 앞뒤가 막힌 굽 낮은 펌프스가 좋지만, 구두를 벗고 절을 하는 등 움직임이 많을 수 있으니 발이 편한지도 고려해야 합니다. 그리고 머리는 묶거나 핀을 꽂아서 최대한 단정하게 정리하세요. 머리카락이 흩날려서 지저분하게 보이는 건 예의가 아닙니다. 또한 장례식에서는 손수건이 필요할 때도 있죠? 이런 순간을 위해 화려한 색이나 무늬가 없는 것으로 미리 준비해두면 좋습니다.

결혼식에 참석할 때 화려한 넥타이 매고 가지 마라. 축하해주러 간 자리다.

신부 측 하객으로 초대받아 간 예식이 있었는데요.

신랑 친구들 보고 살짝 놀라긴 했어요.

물론 신랑이 나름 인플루언서니까 주변 지인들도

예사롭지 않으려니 생각은 했었는데….

경조사 매너를 모르는 사람들일 뿐이더군요.

눈에 띄는 화려한 넥타이를 맨 사람,

브랜드 로고가 크게 박힌 벨트 버클….

결정적인 건 부토니에르를 꽂은 남자였어요.

신랑보다 멋 부리고 온 이유가 뭘까요?

30세, 금융업 회원사영업실 주임

때와 장소에 따른 스타일 연출법으로
예식에 맞는 룩을 보여주세요.

회사 생활을 하다 보면 직장 동료나 선후배의 결혼식에 참석할 경우가 생기기 마련입니다. 회사에서처럼 드레스 코드가 있는 건 아니지만 결혼식이라는 예식에 맞는 룩을 연출해야 하므로 나름의 제약이 있어요. 회사에서는 나무랄 데 없는 검은색 정장이 신랑 신부를 축하해주는 결혼식장에서는 마치 장례식장에 온 듯한 엄숙한 스타일이 될 수 있고, 때와 장소에 따른 스타일 연출법을 모르는 고루한 사람으로 비칠 수도 있어요. 따라서 일반적인 결혼식에는 블랙 슈트보다 다크 슈트를 입는 편이 훨씬 자연스러워 보입니다. 화려해지지 말라는 것이지 너무 편안한 느낌을 내서도 안 돼요. 캐주얼 느낌이 지나치게 강한 버튼다운 셔츠는 입지 않는 것이 좋습니다. 또한 신사로 보이고 싶다면 언제 어디서든 발목 양말은 제발 참아 주세요. 자리에 앉거나 했을 때 바짓단이 올라가 다리털이 드러나는 건 추레해 보입니다.

어두운색 정장 입고 결혼식장 가지 마라.
하객 패션은 화사해야 한다.

아끼는 후배의 결혼식이 평일 저녁에 올리는 예식이어서
퇴근 후 참석했었는데요. 그날따라 중요한 PT가 있어서
진한 남색 바지 정장에 흰 드레스 셔츠 차림으로 갔었죠.
근데 이 옷차림이 호텔 예식장 안내 요원 복장이랑
비슷했어요. 신부가 돋보여야 하니까 화려하면
안 된다만 생각했지, 살짝 러블리한 디테일이라도
더할 걸 하는 아쉬움이 남았어요.

37세, 언론업 마케팅팀 팀장

여성스럽고 화사한 인상을 줄 수 있는
원피스나 투피스 차림이 좋아요.

결혼식의 주인공은 신부이기에 하객으로 참석할 때는 웨딩 드레스 컬러와 겹치는 화이트와 아이보리, 엄격한 이미지의 올 블랙, 다크 그레이 컬러는 피하는 것이 기본입니다. 그렇다고는 해도 결혼식이라는 축하 파티 상황에 맞는 스타일을 연출하는 것도 중요합니다. 포멀한 오피스룩이나 중성적인 스타일은 예식과 축하의 의미를 표현하는 데는 적합하지 않으니까 여성스럽고 화사한 인상을 줄 수 있는 원피스나 투피스 차림이 가장 좋습니다. 단순하고 깔끔한 디자인의 옷차림이지만 부분적으로 러플이나 셔링과 같은 로맨틱한 디테일이 들어 있으면 자리에 더욱 잘 어울리겠죠. 또 예식장에는 직장 상사나 어르신들도 많이 참석하기 때문에 네크라인이 너무 파이거나 길이가 짧아 노출이 심한 디자인은 피하는 게 상식입니다. 주얼리는 화려하고 고급스러운 것으로 한두 가지 선택해서 우아한 인상을 남기세요.

여자들끼리 만날 때 불편한 옷 입지 마라.
털털한 모습은 이럴 때 보여줘야 한다.

66

제가 여대를 나왔는데 대학 때 친했던 친구들끼리
종종 만나거든요. 이번에 그중 한 명이 지난번
얼굴 봤을 때부터 다이어트를 한다더니 성공해서
나타난 거예요. 그 친구 소원은 살 빼서 펜슬 스커트에
화이트 셔츠, 킬힐을 신는 거였거든요.
우리에게라도 보여주고 싶은 마음은 이해하겠는데….
스커트 폭이 좁아서 계단을 못 올라오는 거예요.
게다가 우리는 엄청 편한 옷차림으로 모였는데….

38세, 제조업 교육팀 과장

더 편하고 세련되어 보이는 아이템으로
친구들과의 만남을 즐기세요.

남자들은 모르는 여자들 세계가 있습니다. 그래서 여자들 끼리의 만남에선 평소 입던 스타일과 다르게 입고 나갈 수 있다는 해방감이 있죠. 회사 다닐 때 입지 못한 노출 심한 옷은 이럴 때 입으라고 나온 겁니다. 여자들끼리 만나는 자리에 섹시해 보이려고 노출 심한 옷을 입고 나가지는 않잖아요? 네크라인이 깊게 파인 티셔츠나 스웨터, 짧은 반바지가 더 편하고 세련되어 보이기 때문에 입는 것이죠. 가슴골이 보여도 전혀 의식하지 않아도 되고, 허벅지 셀룰라이트 보일까 봐 신경 쓰지 않아도 되는 여자끼리의 만남을 즐겨 보세요. 이런 자리에 너무 여성스럽게 차려입고 나오면 친구들 사이에서 왕따 되기 십상입니다. 컬러풀한 니트, 새틴 롱스커트나 부츠처럼 회사에 입고 나가기 애매했던 모든 아이템도 친구들 앞에 입고 나와서 자랑하세요. 편안하면서 시크한 스타일을 연마할 수 있는 좋은 자리이기도 합니다.

사죄의 자리엔 상대방을 자극하는 옷차림은 하지 마라. 할 말 많겠지만 참아라.

거래처에서 약간의 착오로 물품 발송이 잘못되어서
담당자가 사과하러 온 적이 있었어요.
이렇게 찾아와서까지 사과하겠다고 하니 좋은 게
좋은 거라고 넘기려 했었는데, 이 남자 옷차림을
본 순간 회사에서 시키니까 어쩔 수 없이 왔구나 하고
느꼈지 뭐예요. 흰 와이셔츠에 번쩍번쩍한
커프스 버튼을 달고, 길이가 껑충한 바지에 브랜드 로고
크게 박힌 벨트를 차고…. 한껏 멋 내고 와서 사과는
무슨 사과겠어요?

46세, 제조업 마케팅 부문장

사과해야 하는 상황에서는 포멀한 차림이 무조건 기본이에요.

회사의 복장 규정이 캐주얼이나 비즈니스 캐주얼이라고 하더라도 사죄나 사과를 해야 하는 상황에는 슈트에 넥타이 착용과 같은 격식 있는 옷차림이 기본입니다. 상대방이 거래처든 소비자든 마찬가지죠. 사죄하러 갈 때는 갖고 있는 슈트 중에서 가장 수수하게 보이는 슈트가 적절합니다. 색과 무늬를 억제하고, 장식이 없는 트래디셔널한 무지의 진한 남색 슈트를 선택해서 성실함을 전달하세요. 빨강 계열의 난색과 액세서리는 모두 피해야 하고요. 여성의 경우 헤어스타일은 단정하게 정돈하고, 네일은 지우거나 투명하게 합니다. 복장과 차림새가 원인이 되어 2차 클레임을 야기하지 않도록 하는 게 중요해요. 감정적으로 미묘한 때여서 불만과 클레임을 대응하는 사람의 복장과 차림새 탓으로 돌려버리는 경우가 있기 때문입니다. 상대방을 자극하지 않는 평범해 보이는 복장을 명심하세요.

클라이언트와 비즈니스 식사할 때 싸구려 옷 입지 마라. 이날 옷은 기억에 남는다.

중요한 클라이언트와 비즈니스 런치를 하기로 했는데
마케팅 담당 과장을 소개도 시킬 겸 같이 데려간
일이 있었어요. 식사 자리다 보니 가까이에서 보게 되잖아요.
그나마 재킷을 걸치고 있길래 겸사겸사 데리고 간 건데,
재킷은 한 달 내내 입었는지 후줄근하고 꼬질꼬질 더럽고….
재킷을 벗으니 안에 입고 있던 니트는 보풀이
잔뜩 일어 있고…. 점심 먹는 내내 신경 쓰여서 불편해
죽는 줄 알았어요.

49세, 외국계 조직개발부 본부장

비즈니스 식사에는 가장 질 좋고
스타일리시한 슈트를 선택하세요.

중요한 클라이언트와 비즈니스 런치를 하는 날이라면, 갖고 있는 비즈니스 슈트 중에서 질이 좋고 스타일리시한 슈트를 선택합시다. 상대방은 평상시 당신의 복장은 잊어도, 그런 때의 복장을 잘 기억하는 법이니까요. 멋진 옷차림은 레스토랑의 아름다운 장식이 되는 것은 물론이고, 맞이하는 레스토랑 측에 대한 매너이기도 해요. 따라서 갑작스러운 비즈니스 런치 초대라 해도 재킷을 착용하길 권합니다. 디너인 경우에도 비즈니스 런치와 마찬가지로 질 좋고 스타일리시한 슈트라면 문제없어요. 일부러 갈아입을 정도는 아니지만, 그레이드가 높은 레스토랑인 경우에는 브로치나 목걸이 등 고급스러운 액세서리를 더하면 좋아요. 진주와 다이아몬드, 골드와 실버 등 화려해지지 않는 품위 있는 액세서리를 잘 활용하면 자리에도 곧잘 어울릴 뿐 아니라 우아한 인상을 남길 수 있습니다.

동종 업계 사람들 모였을 때 검소한 모습 보이지 마라. 자신을 PR할 수 있는 기회다.

지난달 저희 회사 브랜드 런칭 파티가 있었는데요.

프레젠테이션을 진행한 후 관련 업계 사람들과

친목 도모 차원에서 애프터 파티를 갖는 형식이었어요.

애프터 파티 일정을 뻔히 알면서 저희 팀장님이 PT 때

스티브 잡스 흉내 내서 입은 복장 그대로 참석했는데….

나름 큰 행사라 다들 옷에 힘 좀 주고 왔던 자리다 보니

초라해 보이는 팀장님 옷차림 때문에

제가 더 부끄럽더라니까요.

37세, 언론업 출판부문 차장

파티의 대상과 목적, 개최 장소에 따라
드레스 코드를 맞춰서 준비하세요.

회사 관련 파티는 자연스럽게 관련 업계 사람들과 인맥도 넓히고 브랜드나 상품뿐만 아니라 나 자신을 PR할 수 있는 기회이기도 합니다. 따라서 어떤 종류의 행사든 간에 파티의 대상과 목적, 개최되는 장소에 따라 드레스 코드에 맞추어 신경 쓴 의상을 준비하는 게 예의예요. 하지만 비즈니스 파티라는 사실을 망각하고 화려함에만 치중한 차림을 한다면 주위 사람들이 당신에게 다가서기를 꺼릴 수 있겠죠. 드레스 코드가 중요한 건 알아도 대부분의 직장인은 아침에는 회사에 출근해서 업무를 보고, 저녁 시간에 이벤트나 파티에 참석하기 위해 이동하는 경우가 많습니다. 그러므로 한 번에 두 가지 상황을 소화하려면 포멀한 아이템에 드레시한 아이템을 믹스해 입거나, 포인트 액세서리로 적절한 포인트를 주거나, 과감하게 반짝이 아이템을 도입하는 등 평소보다 약간의 화려함을 가미하는 게 제격이지요.

신입인데 명품으로 휘감지 마라.
허세로 비칠 뿐이다.

저희 부서에 새로 합류한 신입 직원 얘긴데요.

대리가 좀 친해지고 나서 알려줬어요.

그 신입이 들고 다니는 웬만한 것들이 다 명품이라고….

분명 면접 볼 때 어려운 가정 형편 얘기를

들었던 것도 같은데…. 어떤 말이 진실인지는 몰라도

명품을 잘 아는 옆 팀 동기도 우리 신입 보고 뭐냐고

묻더라고요. 명품이든 아니든 일이 아닌 걸로

입방아에 오르는 건 아니지 싶네요.

42세, 법무법인 인사/노사 관계 차장

신선함이 보이지 않는 명품 사용은
신입에게 어울리지 않아요.

개인의 취향이 존중받는 시대에 명품을 좋아하는 것도 한 사람의 취향일 수 있습니다. 하지만 사회 초년생의 과한 명품 사용을 바람직한 취향이라고 보지 않는 이유는 신선하지 않기 때문이에요. 어느 조직이든 신입 사원은 조직에 참신한 아이디어와 새로운 에너지를 공급할 존재라는 사실을 부정할 사람은 없을 거예요. 회사에서 진행되는 모든 일은 기획으로부터 시작됩니다. 기획은 곧 아이디어고, 그런 만큼 발상의 전환에서 시작되는 번뜩이는 아이디어가 필요하죠. 신입은 새롭게 등장한 뉴 페이스입니다. 기존의 조직원들이 절대로 가질 수 없는 신선함을 신입만 갖고 있잖아요. 신입을 뽑는 가장 큰 이유도 바로 신선함 때문입니다. 그걸 원하는 조직에서 색다른 취향 없이 명품을 선택한다는 건 참신한 아이디어가 없다는 걸 나타내는 단면이 돼요. 신입이 보여줘야 하는 건 브랜드 로고가 아니라는 말입니다.

승진했는데 예전 옷 그대로 입지 마라.
연봉이 오르면 스타일도 승진해야 한다.

66

우리 같은 직장인들에게 패션 리더이길

바라는 건 아니지만, 상사 중에 제가 입사했을 때부터

봤던 옷을 아직도 입는 분이 있어요.

유행이 다시 돌아왔는데 몸매도 안 변해서

그대로 입을 수 있다고 자부심을 가지시는 것 같은데….

신입의 옷차림과 임원의 옷차림은 달라야 하잖아요.

연봉도 높은 임원이신데, 누가 봐도 고급스러우면서

지적인 느낌을 주는 옷차림을 해야 하는 거 아닌가요?

49세, 금융업 WM센터본부 부장

직위에 맞는 옷차림은 직장 내외부에서 자신을 포지셔닝 하는 수단이 돼요.

한 단계 한 단계 직급이 높아질수록 처리해야 할 업무만큼 외부와의 미팅이나 프레젠테이션 같은 회사를 대표해서 사람들을 만나야 하는 상황이 늘어납니다. 또 한편으로는 함께 일하고 관리해야 하는 후배나 부하 직원이 많아지면서 이들의 시선도 신경 써야 하고요. 따라서 직위에 맞는 적절한 옷차림은 직장 내외부에서 자신을 포지셔닝 하는 주요 수단이 되므로 전략적 스타일 가이드를 숙지할 필요가 있습니다. 승진은 곧 회사 내에서 책임져야 할 일의 범위와 전문적인 지식이 더욱 많이 요구된다는 의미이고, 스타일에서도 특색 없는 포멀 룩보다는 본인의 업무 성격을 충분히 반영하는 스타일을 연출해야 해요. 또한 같은 회사 내에서도 팀에 따라 업무의 성격, 외부 클라이언트를 만나는 목적과 빈도가 달라지므로 팀 내의 직책이 높아지면 소속된 팀의 성격을 고려한 옷차림을 갖출 필요가 있습니다.

여성 임원이라고 여성스러움을 강조하지 마라. 여성이 아니라 임원이 먼저다.

여성 임원들 모임에 초대받아 강의를 하러
간 적이 있었어요. 화려한 경력 속에서 치열함이
느껴지는 분들이셨는데요.
스타일이 딱 두 가지로 나뉘더군요.
머리부터 발끝까지 구성한 아이템 수가 너무 많아서
파워가 분산되는 스타일과 아무것도 하지 않아서
임팩트가 없는 스타일이요. 두 타입을 믹스해야
임원 스타일이 완성되겠구나 생각했어요.

44세, 교육서비스업 기업교육팀 컨설턴트

고급스러운 소재와 브랜드, 심플한 디자인을 선택하세요.

비즈니스 현장에서 임원의 위치까지 올라가셨는데 예쁘고, 사랑스럽고, 여성스럽다는 말을 아직도 듣고 있는 분들은 안 계시겠죠? 직급이 임원인데 이런 말을 듣는다면 칭찬이 아니라 리더십을 보여주지 못하고 계시다는 의미로 해석할 수 있습니다. 직장 여성들이 옷차림에서 주로 실패하는 케이스가 바로 저 이유 때문이에요. 따라서 저 케이스를 반대로 연출하면 성공하는 여성의 옷차림이 완성됩니다. 다양한 색과 화려한 무늬, 독특한 디자인은 이제 그만두고 고급스러운 소재와 브랜드, 심플한 디자인으로 선택하시는 것이 임원 스타일의 첫걸음입니다. 이 스타일은 임원뿐 아니라 경영진과 만날 기회가 많은 직업을 가진 사람들에게도 해당돼요. 다시 말해 VIP 고객을 상대하는 영업직, 특급 호텔과 일류 레스토랑 직원, 명품 숍 매니저, 임원 비서 등에도 적용되는 스타일의 기준은 바로 이것입니다.

대표인데 임원처럼 보이지 마라.
임원인데 부장처럼 보여도 안 된다.

컨설팅을 의뢰하셨던 임원분 중에

대표이사 최종 후보까지 올라갔는데 마지막에

회장님이 던진 '너무 어려 보이지 않나?'라는 한마디

때문에 고배를 마시고 찾아왔던 분이 계셨어요.

만나 보니 사용하고 있던 브랜드가 부장 수준에

딱 머물러 있었어요. 복장을 경시하면 안 된다는 걸

그분도 크게 깨닫고, 그 후 옷차림으로 리더십을

발휘하셔서 결국 대표가 되셨는데요.

전 그보다 높은 분들의 안목에 더 놀랐어요.

46세, 컨설팅업 경영자교육팀 컨설턴트

위치와 직급에 맞춰서 사람들의 기대치에 부응하는 스타일을 연출하세요.

사람들은 위치와 직급에 대한 기대치가 있어요. 임원으로 승진하고 사장으로 취임하면 상황에 맞춰 사람들이 기대하는 스타일로 연출해야 리더십이 발휘됩니다. 특히 회사를 대표하는 사장에게는 위치에 어울리는 품격 있는 스타일뿐 아니라, 신입 사원을 맞이할 때 존경심을 일으킬 수 있는 스타일, 주주 총회에 출석할 때 안정감과 신뢰감을 표출할 수 있는 스타일이 요구돼요. 물론 이런 스타일은 옷차림 외에 헤어스타일, 메이크업부터 구두, 소품 등 모든 것이 어우러졌을 때 완성됩니다. 또한 대표가 되면 활동 무대가 싹 변하고 주변으로부터의 기대, 만나서 어울리는 상대, 외출하는 장소 등 여러 가지가 죄다 바뀌죠. 또 접대 등으로 먹고 마시는 장소의 격도 달라지고요. 사원과 주주, 고객 등 모든 비즈니스 상황에서 대표는 회사의 얼굴로서 긍정적인 인상을 주는 것이 요구되는 자리입니다. 임직원의 기대에 부응한 스타일을 연출하면 카리스마는 저절로 따라옵니다.

Occasion 상황
Opportunity 기회
Originality 자기다움

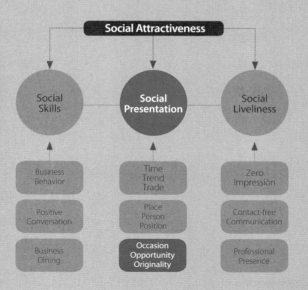

직장인들의 외모 관리는 사회적 표현력의 일환이므로 그들에게 의복은 자기표현인 동시에 상대방에게 신뢰감과 업무 능력을 드러내는 도구가 된다. 특히 의복은 사회적 지위와 성공을 표현하는 수단이고 나이가 많아질수록 신분을 상징적으로 나타내며, 의복 착용을 통해 다른 사람과 차별화된 자신만의 개성을 타인에게 표출하고자 하는 욕구를 지니고 있다. 의복의 착용과 스타일은 자신이 가지고 있는 고유한 성향을 반영한다. 따라서 복장에 사려 깊게 주의를 기울이도록 한다. 옷을 고르고 구매할 때 언제, 어디서, 얼마나 자주 입을 수 있을지, 그리고 그 옷과 맞출 수 있는 다른 옷이 있는지를 생각해야 한다. 또한 색상의 어울림과 다른 의류와의 조화도 고려하자. 당신은 고객, 동료로부터 경쟁력 있고 전문가답다고 인식되기를 원할 것이다. 지금 입고 있는 옷이 그러한 인식에 도움을 줄까 아니면 해를 끼칠까? 여성의 경우, 특히 신체를 과도하게 드러내 보이는 옷은 주의해야 한다. 목이 너무 깊게 파인 옷, 짧은 스커트, 민소매 블라우스 등이 그러하다. 남성의 경우에도 신체 노출이 지나친 것은 피하는 것이 좋다. 윗옷의 단추를 너무 많이 풀어놓는 것은 비즈니스 복장에 적합하지 않다. 남성들의 복장도 신중을 기해야 전문가답게 보인다는 말이다.

세면도구만 들고 출장 가지 마라.
출장에서 품격이 드러난다.

우리 팀장님은 깔끔한 걸로 사내에서도 유명한데,

출장 다니실 때도 양복이 구겨지고 냄새나는 게 싫어서

숙박업소에 스타일러가 있는지 없는지 확인해서

있는 곳으로만 방을 예약하고 가신다는 말에

감동했었거든요. 반대로 옆 팀 팀장님은 세면도구만 들고

출장 간다고 자랑처럼 말씀하시는 거예요.

깔끔 떠는 우리 팀장님이 백 배 낫다 싶어요.

32세, 제조업 인사팀 대리

출장 형태에 맞춰서 깔끔하고 믿음직한
인상을 줄 수 있도록 짐을 싸세요.

비즈니스 출장은 회사를 대표해 중요한 일을 하러 가는 것이기 때문에, 출장 중의 인상 관리는 사무실에서의 인상 관리 이상으로 중요합니다. 출장의 형태에 맞게 효율적이면서 스타일리시하게 짐을 싸는 것은 품격과 연결됩니다. 성공적인 비즈니스를 위한 깔끔하고 믿음직스러운 인상을 구축하려면 구겨진 양복은 절대 피해야 해요. 따라서 에어드레서 같은 의류 관리기나 다리미가 없는 경우에 바지는 밑단을 잡아서 주름선이 살도록 옷걸이에 거꾸로 매달아 샤워한 뒤 욕실에 걸어두는 최소한의 행위라도 하시길 추천합니다. 또한 비즈니스 출장이 잦다면 거추장스럽더라도 슈트를 정갈하게 보관할 수 있는 슈트 케이스를 장만하는 것이 편리해요. 장기간 출장을 가는 경우에는 출장 기간 내내 반듯하게 다려진 셔츠를 입을 수 있도록 호텔 세탁 서비스를 이용하면 비즈니스 신뢰감을 높일 수 있습니다.

1박 2일 출장에 한 달 출장 가는 것처럼 보이지 마라. 부피가 줄면 스타일이 나온다.

부산으로 1박 2일 출장 가는 일정이라 우리 팀 대리랑 서울역에서 만나기로 했는데요. 전 그 친구가 집 나온 줄 알았잖아요. 제주 한 달 살기를 당장 떠나도 될 만큼 큼지막한 트렁크를 끌고 나타나는데…. 여자들은 남자들보다 챙겨야 할 짐이 많긴 하잖아요. 그래도 지나치게 큰 출장 가방을 봤을 땐 사람이 좀 영리하지 못하다는 인상이었어요.

45세, 금융업 SFP사업부 지점장

출장지의 스케줄에 맞춰 꼭 필요한 아이템만 챙겨서 준비하세요.

1박이라도 하게 되는 출장이면 크든 작든 가방을 꾸려야 합니다. 이때 큰 여행 가방은 짐이 될 뿐이므로 꼭 필요한 옷과 물품만 챙겨가는 편이 현명해요. 출장 스타일의 핵심은 출장지에서의 스케줄을 확인하는 것입니다. 현장 답사나 시장 조사가 목적이라면 활동적인 캐주얼웨어와 편안한 스니커즈 혹은 단화를 준비하는 게 좋아요. 하지만 미팅이나 거래처 방문, 세미나 참석과 같은 공식적인 일정이 있다면 반드시 슈트와 힐을 챙겨야 해요. 경우에 따라서는 본사 임원진이나 업계의 주요 인사를 만나는 자리가 되어서 그 어느 때보다 격식 있는 옷차림이 필요할 수도 있습니다. 따라서 먼저 완벽하게 정장을 갖춰야 하는 경우의 수와 날짜, 다음으로 세미포멀이 가능한 상황을 계산해서 슈트를 챙기고 난 후 나머지 캐주얼웨어 및 기본 물품을 준비해 가면 어떤 상황에도 프로다운 인상을 남길 수 있어요.

야유회 간다고 혼자 튀게 입지 마라.
옆에 있는 사람이 더 부끄럽다.

매년 5월에 회사 창립 기념 야유회를 가는데요.

해마다 잔뜩 멋 부리고 나타나는 애들이 한두 명씩

꼭 있어서, 이번에 저희 HR팀에서 프로그램에

등산이나 간단한 레포츠, 게임이 포함되어 있다고

엄청 공지했거든요. 그런데 이번에도 어김없었어요.

하이힐 신고 짧은 원피스 입고 나타나서는

"저 하이힐 신고도 잘할 수 있어요."라고 말하는데

짜증이…!

41세, 외식업 인사교육실 실장

사무실에서도 야외에서도 유용하게
입을 수 있는 아이템을 적절히 사용하세요.

1년에 한 번 있는 야유회를 위해 새로 옷을 장만하기 아까운 건 알겠습니다만 활동적인 자리에 하이힐은 절대 안 됩니다. 스니커즈나 운동화, 그마저도 없으면 편안한 낮은 굽 혹은 플랫슈즈라도 신어야 해요. 늘 정장 차림 위주로 비즈니스를 해왔던 사람들은 야유회나 워크숍, 체육 대회, 봉사 활동 등과 같은 사외 활동에 입고 갈 편안한 캐주얼웨어가 갖춰져 있지 않기 때문에 오히려 이런 날 옷차림이 더 신경 쓰이는 게 사실입니다. 따라서 외부 활동 일정일 때는 사무실에서도 야외에서도 유용하게 입을 수 있는 아이템을 선택하는 것이 현명해요. 바람막이 점퍼나 기능성 바지 등 스포츠웨어를 기반으로 선택하되 빨강, 노랑 같은 원색을 선택하지 말고, 네이비나 그레이, 브라운과 같이 비즈니스 기본 컬러를 고르세요. 이런 색상은 출퇴근 복으로 입는 옷과도 세련되게 매치할 수 있으니 활용도도 높아서 좋습니다.

골프 웨어로 클럽 하우스 입장하지 마라.
골프 웨어는 라운딩 전에 갈아입는 옷이다.

요즘은 골프가 워낙 대중화되다 보니 캐주얼하게

입문하시는 분들이 많은 것 같아요.

그런 분들은 골프 스코어만 중요하게 생각하시는 것

같던데요. 저는 골프 매너를 엄청 중시하는

예전 보스한테 배워서 그런지 골프 치러 가면

매너 없는 분들 때문에 얼굴이 화끈거릴 때가 많아요.

특히 환복 안 하는 거요. 재킷을 입지 않으면 못 들어가는

안양 CC 같은 곳도 있는데….

46세, 외국계 세일즈팀 부장

클럽 하우스에 입장할 때는 재킷을 착용하는 것이 예의예요.

골프는 유니폼을 입고 하는 스포츠가 아니고, 골프만을 위한 복장을 해야 한다는 규정도 없습니다. 이 말은 반대로 하면 훨씬 더 신경 써서 입어야 한다는 얘기죠. 더구나 골프는 혼자 하는 운동이 아니라서 자기 기준으로 입은 옷차림이 다른 멤버들에게 불쾌감이나 위화감을 줄 수도 있습니다. 특히 명문 골프 코스에 초대받았다면 초대한 사람의 체면이 깎이지 않도록 드레스 코드를 맞추는 게 예의예요. 클럽 하우스에 입장할 때는 라운딩 복장이 아니라 산뜻한 재킷 착용이 매너이므로 네이비 재킷이나 블레이저에 셔츠와 바지를 입는 콤비 스타일을 연출하면 신사로 대접받을 수 있습니다. 이때 구두도 스니커즈가 아닌 끈이 없는 가죽 구두를 신으면 갈아 신기에도 편리하고요. 골프 라운딩할 때는 기능성과 패션을 고려한 의상을 선택하되 브랜드 로고가 너무 두드러지지 않는 것을 고르면 품격 있게 보입니다.

외부 미팅 가는데 짧은 치마로 섹스어필 하지 마라. 석세스 어필할 나이다.

나 때는 그래도 선배한테 옷차림 지적받고 했는데,

요즘은 직장 내 괴롭힘 금지법까지 등장하다 보니

함부로 말도 못 해줘요. 저 정도면 성과도 좋고 해서

잘 키워주면 좋겠다 싶은 팀원이 있는데….

야한 옷차림 때문에 동행할 때면 제가 다 창피해요.

중요한 외부 미팅이니까 그렇게 입지 말라고

돌려 말했는데도 딱 붙는 미니 원피스에

킬힐을 신고 나오니까….

44세, 호텔업 홍보부 팀장

지나치게 섹시한 옷, 노출 정도가 심한 옷은 업무적으로 손해를 가져올 수 있어요.

직장 생활에서 외부 거래처 혹은 클라이언트와 만나거나 회의를 할 때 옷차림과 행동, 말투 하나하나는 회사의 수준과 이미지를 가늠하는 척도가 됩니다. 또한 자리에 맞게 차려입은 옷은 자신감을 부여하므로 사람을 대하는 자세나 행동에도 긍정적인 영향을 주지요. 그래서 비즈니스 스타일이란 자기가 입고 싶은 대로 입는 것이 아니라 타인의 기대치만큼 입는 것입니다. 많은 남성이 섹시하게 꾸민 매력적인 여성을 좋아한다고 해도 중요한 업무를 맡길 정도로 신뢰하는 일은 거의 없어요. 따라서 지나치게 섹시한 옷, 노출 정도가 심한 옷을 입는 것은 업무적으로 볼 땐 손해를 가져옵니다. 업무 공간에서 섹스어필하는 건 석세스에 방해가 된다는 말입니다. 특히 매력적이고 섹시한 여성이라면 섹스어필을 자제한 옷을 찾는 데 시간과 돈을 투자하세요. 당신의 노력이 헛되지 않으리라는 건 제가 확실히 보증하겠습니다.

경력자 면접에 신입 사원 면접 복장으로 가지 마라. 전문가를 뽑는 자리다.

신입 사원 면접이 성실성을 어필하는 자리라면,

경력자 면접에선 프로페셔널하다는 인상을 주지 못하는

사람은 뽑을 이유가 없어요. 저희 같은 공기업도

이젠 예전처럼 보수적이지 않거든요.

단정을 넘어 고지식할 것 같은 헤어스타일에,

검은색 정장을 입고 들어오는데…. 성과를 내긴커녕

조직에 음산한 기운을 전파할 것 같다는 인상을 줬던

지원자가 기억나네요.

45세, 공기업 인재개발원 차장

노련미와 세련미가 느껴지는 스타일을
연출하세요.

경력직 면접에서는 무엇보다 그동안 쌓아온 능력과 전문성을 전달하기 위해 포멀 룩을 선택해야 하는 건 변함없습니다. 4~5년의 경력이 쌓이면 기본 아이템뿐 아니라 포인트 아이템을 어느 정도 갖추게 되고, 자신에게 어울리는 스타일과 컬러에 대한 파악이 이루어지기 마련이죠. 따라서 남성의 경우 파워 슈트를 착용하는 것이 경력자 면접에서도 유리하지만, 여성의 경우 자칫 답답해 보일 수 있는 한 벌 정장보다는 상의와 하의를 따로 입어서 노련미가 묻어나도록 연출하는 것이 좋습니다. 또한 신입 면접과 달리 원피스에 재킷을 매치하는 것도 성숙하면서 세련된 이미지를 풍기기 때문에 경력직 면접 스타일로 추천해요. 특히 어깨선이 살아 있는 테일러드 재킷과 5cm 이상의 굽이 있는 슈즈를 선택해 전체적으로 지적이고 파워 있는 룩을 연출하면 자신감 넘쳐 보여 호감도를 올릴 수 있습니다.

모임의 목적 분석 없이 프레젠테이션 하지 마라. 상황에 따라 옷차림 바뀐다.

프레젠테이션이나 공식 행사 진행에는 역시 무채색 정장을 입은 사람 얘기가 잘 들리는 것 같아요. 내용은 기억 안 나고 옷차림만 기억나는 경우엔 부정적인 인상이 남더군요. 비즈니스 현장에서는 클래식하고 격식 차린 옷차림이 어쨌든 신뢰감을 높여주는 것 같아요. 그래서 전 상황이 애매할 때는 무조건 보수적으로 입어요.

40세, 대기업 생산관리팀 책임

자신이 부각되어야 하는지, 자료나 제품이 부각되어야 하는지부터 분석해 보세요.

프레젠테이션이나 회사의 공식 행사를 앞두고 복장을 준비할 때는 모임의 목적이 무엇인지를 먼저 생각해야 합니다. 발표하는 자신이 부각되어야 하는지, 아니면 자신이 준비한 자료나 제품이 부각되어야 하는지부터 따져보는 게 우선되어야 해요. 자신이 돋보여서 참석한 사람들에게 강한 인상을 심어줘야 할 때는 정장과 타이를 보색 대비로 연출하면 좋습니다. 색상 대비가 선명하면 시각적으로도 집중을 높이기 때문에 시선을 한곳에 모으는 데도 효과적이죠. 청중들을 자신에게 주목하게 할 때도 강하지만 깔끔한 스타일이 포인트입니다. 반면 자신이 만든 자료나 제품을 설명하고 그 중요성을 청중들에게 인식시켜야 하는 자리라면 자신보다는 자료나 제품이 돋보여야 해요. 이때는 너무 튀지 않는 차분한 스타일로 연출하면 자료나 제품이 부각되어서 성공적인 프레젠테이션 결과를 얻을 수 있습니다.

프레젠테이션에서 비전문가로 보이지 마라.
반짝거리는 소재나 장식 많은 옷은 안 된다.

굉장히 중요한 경쟁 프레젠테이션이 있었는데요.
평소 긴 머리를 찰랑거리던 저희 팀장님이
앞머리는 구르프로 동그랗게 말고 뒷머리는 망으로
올림머리를 하고 나타나신 거예요.
한번 해보겠다는 의지는 알겠는데 옷이랑 머리랑 따로
놀고…. 저희 팀원들 모두 너무 어색해서 어찌할 바를
몰라 하고…. 팀장님 보면서 중요 일정 전에 섣불리
변신하면 절대 안 된다고 결심했어요.

43세, 금융업 커머셜심사부 차장

깔끔하고 샤프한 이미지를 강조해서
전문가로 보이도록 연출하세요.

프레젠테이션에서는 깔끔하고 샤프한 이미지를 만드는 게 중요합니다. 따라서 긴 머리는 차라리 귀가 드러나도록 뒤로 넘겨서 스타일링 제품을 이용해 고정하거나 단정하게 묶고, 단발일 경우 앞머리는 일자 혹은 가운데 가르마보다 옆가르마로 샤프하게 연출하세요. 또한 복장은 간결한 디자인에 매트한 소재, 주목성 높은 색이 효과적입니다. 프릴, 무늬 등 장식이 많은 옷이나 반짝거리는 새틴이나 엷게 비치는 시폰 소재는 시선을 분산시켜 입은 사람을 비전문가처럼 보이게 하므로 피해 주세요. 카디건, 원피스 등 부드러운 소재, 복잡한 바이어스 장식의 트위드 소재 또한 여성스러운 인상이 강해서 프레젠테이션에는 적합하지 않습니다. 의상 컬러는 눈의 피로도를 초래하는 불타는 빨간색을 제외하고, 약간 가라앉은 빨간색이나 주황, 조금 밝은 파란색 등 선명한 색으로 시선을 끄는 것도 좋은 전략이 됩니다.

콧수염은 길러도 코털은 기르지 마라.
코털만큼 아재스러운 것도 없다.

팀장님은 저희더러 왜 고개 숙이고 자기 얘기 듣냐고
말씀하시는데…. 전 그 삐죽삐죽 나온 코털 때문에
대화에 집중할 수가 없어서 차라리 딴 데 보며
듣는 거예요. 이걸 누가 얘기해 줄 수도 없고….
예전엔 남자들 코털만 보였었는데, 최근에 세미나에서
동종 업계 여자 부장님과 만나고 나서
여자도 코털이 삐져나온다는 사실을 처음 알았어요.

36세, 대기업 전략기획팀 과장

코털은 반드시 전문 도구를 사용해 정리하도록 하세요.

자신은 전혀 신경 쓰이지 않지만 다른 사람들 눈에는 확실히 띄는 것이 눈곱이나 코털 같은 얼굴에 있는 지저분함입니다. 게다가 이런 불결함은 아무리 친한 사이라고 해도 지적해주기 어렵잖아요. 그러니까 눈곱이나 코털 등은 외출하기 전에 꼼꼼하게 체크하고 정기적으로 관리하는 습관을 갖도록 하세요. 특히 코털은 아무 의미 없이 자라는 것이 아닙니다. 공기 중의 먼지나 세균이 코를 통해 체내로 들어오는 것을 방지하기 위해서 코털이 존재하는 거예요. 그러다 보니 요즘처럼 미세 먼지, 황사, 꽃가루, 곰팡이, 세균 등 나쁜 환경에서 생활하고 있는 현대인들은 코털이 자라기 쉽다고 합니다. 따라서 코털을 관리할 때는 손으로 뽑거나 아무 가위로 자르지 말고, 안전하게 코털 전용 가위나 코털 면도기 등 전문 도구를 사용해 정리하도록 하세요. 여자들 눈엔 100m 앞에 있는 남자의 코털도 보인다니까 그깟 코털이라고 무시하지 마세요.

가슴골 드러내며 당당한 척하지 마라.
비즈니스에서는 신뢰감부터 쌓아라.

옆 부서 과장은 여직원 사이에서도 왕가슴으로 불려요.
몸매에 자신이 있어서 늘 그렇게 가슴골이 훤히 드러나는
옷을 입나 본데…. 그 가슴 안 보고 싶은 저희들 생각도
좀 해주셔야지…. 요즘 같은 때 시선 처리 잘못했다가는
큰일 나니까 남자 직원들도 눈 둘 곳이 없어서
하늘 보고 얘기하고…. 과장씩이나 됐는데 업무 능력으로
기억되어야지 왕가슴으로 불려서 되겠어요?

38세, 외국계 정보전략팀 매니저

직장 내에서 주위 사람들을 불편하게 하는 노출 심한 의상은 피해야 해요.

양성평등기본법에, 탈코르셋이란 말까지도 심심치 않게 들리는 현실에서 저더러 꼰대라 말해도 좋습니다만, 세상이 아무리 바뀌어도 직장 내에서 주위 사람들을 불편하게 하는 노출이 심한 의상을 피하는 건 기본 상식입니다. 미니스커트, 네크라인이 많이 파인 옷이나 짧은 배꼽티, 얇은 소재의 언더웨어가 비치는 의상 등으로 자신의 신체적 매력을 드러낼 자유가 있다면, 같은 공간에서 일하는 사람들은 안 볼 권한도 있는 거잖아요. 쳐다보는 사람이 이상하다는 말 하지 마세요. 남자뿐만 아니라 사람의 시선은 피부 노출이 많은 곳으로 가는 것이 당연합니다. '가슴 큰 OO', '똥꼬 치마 입고 다니는 OO' … 누군가에게 이런 사람으로 회자되고 싶어서 가슴 드러내놓고 다니는 건 아니잖아요. '일 잘하는 OO', '업무 센스 좋은 OO' … 이런 평판이 따라다녀야 승진하는 겁니다.

윗머리 빠졌다고 옆머리 길러 넘기지 마라.
지키는 것만이 자기다움이 아니다.

이건 저희 전무님 뒷담화인 것 같은데요.

그 헤어스타일 말이에요. 날마다 봐야 하는 저희도

좀 생각해 주셔야지… 공화국 시절 연상하게 하는

저런 뚜껑 덮는 머리를…. 누가 고양이 목에 방울을

달 수 있을지 뭐라 할 수도 없고….

차라리 확 미는 게 낫지 않을까요?

실력도 얼마나 좋은 분인데 헤어스타일 때문에

캐릭터만 고루해져 버렸잖아요.

45세, 외국계 전략고객 컨설팅팀 팀장

무리해서 가리려고 하지 말고
자연스러운 쇼트 스타일로 커버하세요.

머리숱이 적은 사람에게도 몇 가지 패턴이 있습니다. 이마의 가장자리부터 후퇴하는 M자와 U자형, 정수리 부분부터 적어지는 경우인 세 가지 패턴으로 크게 나눌 수 있어요. 그런데 머리숱이 적은 분들이 머리숱을 커버하고자 할 때 가장 흔한 실수가 머리카락이 있는 부분을 길게 길러서 머리숱이 없는 부분을 덮으려 하는 겁니다. 이렇게 하면 숱이 적은 부분이 쓸데없이 두드러져 버려요. 또한 바람 부는 날은 애써 덮은 머리카락이 날릴까 봐 밖에 함부로 나가지도 못하잖아요. 이러지 말고 전체의 모발 양 밸런스를 맞춰 자연스럽게 숱이 적은 부분을 커버하세요. 우선 옆머리는 쳐올리거나 짧게 마무리해서 볼륨이 없게 정리하시고요. 정수리 부분에 모발이 남아 있으면 뿌리 파마로 볼륨을 만드세요. 전체적으로는 길게 하지 않고 커버할 부분도 쉽게 정리되는 자연스러운 흐름의 쇼트 스타일이 최적입니다.

향수 자꾸 바꾸지 마라. 자기만의 시그니처 향기로 상대에게 어필할 때다.

그윽한 향기가 나는 여자는 다시 한번 쳐다보게 되는 것 같아요. 우아하면서도 감각 있어 보이잖아요. 반대로 엘리베이터를 탔을 때 머리 아플 정도로 진한 향수를 뿌리는 건 민폐인 것 같고….
제 보스도 남자인데 여자들 진한 향수를 너무 싫어하더라고요. 요즘은 꼭 향수가 아니더라도 보디 제품이나 핸드크림만 좋은 향을 써도 품위 있는 인상을 남길 수 있는 것 같아요.

35세, 대기업 총무인사팀 주임

향수로 자신의 이미지와 정체성을
표현할 수 있어요.

기억 속의 향기가 스쳐 지나갈 때 잊고 있던 사람과의 추억이 떠오르는 경우가 있습니다. 그만큼 향기는 사람의 기억 속에 남기 쉽거든요. 은은하게 퍼지는 기분 좋은 향기가 나는 사람에게는 누구나 좋은 인상을 받습니다. 따라서 향수는 단순히 냄새를 없애기 위해 사용하는 아이템이 아니라 자신의 이미지와 정체성을 표현하는 수단이라 할 수 있어요. 그런 만큼 지속적으로 한 가지 향수를 뿌림으로써 당신의 향기를 여러 사람에게 각인시키는 것은 자신만의 이미지를 형성할 수 있는 좋은 방법 중 하나입니다. 그래서 자기만의 향기를 갖는 건 분명 제대로 차려입는 것만큼이나 중요해요. 당신의 향을 주지시키는 것은 좋지만 너무 많이 뿌려서 걸어 다니는 향수로 기억되지 않도록 주의하세요. 향수는 자신이 맡는 것보다 주변 사람들이 느끼는 정도가 훨씬 강하므로 적정량을 사용하는 게 무엇보다 중요합니다.

Social
Liveliness

사회적 활력

Zero Impression 제로 인상
Contact-free Communication 비대면 커뮤니케이션
Professional Presence 프로다운 태도

아무리 힘이 있고 배려심이 있고 집중력이 있어도 항상 피곤해 보이고 변화를 두려워하며 행동하지 않는 사람에게는 매력을 느낄 수 없다. 반면 늘 활기차고 긍정적이며 즐거워하는 사람은 매력적으로 보일 수밖에 없다. 활력이 넘치는 사람들은 다른 사람의 마음을 사로잡을 수 있기 때문에 사회적 활력은 매력의 중요한 요소가 된다. 활력에는 두 가지 종류가 있다. 하나는 운동선수들이 스포츠 기술을 통해 드러내는 신체적인 활력이고, 또 하나는 운동을 통한 노력과 열정이 아니더라도, 타인과의 상호 작용에서 긍정적인 반응을 이끌어내는 사회적 활력이다. 사회적 활력은 온오프라인 모두에서 표정, 자세, 태도 등과 같은 신체 언어로 전달하는 비언어적 커뮤니케이션 행동으로 전달될 수 있다. 그리고 그렇게 전달된 활기 또는 에너지가 상대방에게 긍정적인 반응을 끌어낼 수 있기 때문에 호감을 갖게 만들어준다.

Zero Impression

제로 인상

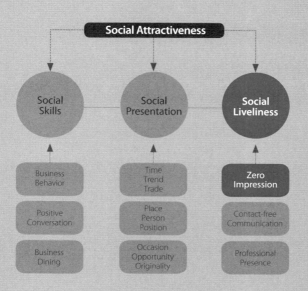

'제로(0) 인상'이란 누군가를 대면으로 만나 '첫인상'을 형성하기 전에 SNS나 인스턴트 메신저의 프로필 사진 등을 보고 상대의 인상을 형성하는 것을 말한다. 새로운 사람을 만나는 일이 비교적 적었던 시대에는 만남 하나하나를 인연이라 여기며 오랫동안 상대를 지켜보고, 그 사람의 좋은 면을 찾기 위해 노력을 기울였다. 하지만 각종 매체가 발달한 현대에는 직접 대면하지 않고도 온라인 등에서 많은 사람과 만날 수 있다. 특히 코로나19가 초래한 변화된 세상에서는 비대면 만남이 일상이 되었기에 그 중요성이 매우 커졌다. 많은 사람이 실제로 만남을 갖기 전에 이미 상대를 판단한다. 단순한 만남에서부터 취업과 같은 비즈니스 만남에 이르기까지 무수한 기회가 제로 인상으로 좌우되는 것이다. 제로 인상이 좋은 경우에는 그렇지 않은 경우보다 상대에 대한 호감도가 높아져 더 쉽게 교류가 이루어진다. 이제 당신의 프로필은 당신의 실제 모습에 더하여 모두가 알았으면 하고 바라는 제2의 자신으로 봐야 한다. 따라서 화면이 흐릿하거나, 표정이 험악하거나, 정면을 보고 있지 않거나, 술자리에서 찍은 것은 프로필 사진으로 바람직하지 않다는 말이다.

카톡 프로필에 아기 사진 올리지 마라.
북한산 정상 셀카도 이젠 그만 보고 싶다.

전에 경제 연구소에서 디자인 작업을

의뢰받은 적이 있었는데요.

처음에 유선상으로 작업 의뢰를 받아 진행했었을 때는

경제 연구원 하면 떠오르는 이미지답게 전문가라는

인상을 받았었거든요.

그러다 점점 작업이 많아지면서 자연스럽게 카톡으로

연락을 하게 되었는데, 프사가 아기 사진으로

도배되어 있는 걸 본 순간 뭐랄까? 업무 신뢰도가

확 떨어졌어요.

35세, 미디어업 광고홍보팀 과장

업무용 프로필 사진은 신뢰감을 줄 수 있는 것으로 선택하는 게 좋아요.

채팅처럼 실시간 의사소통을 가능하게 해주는 장점 덕분에 요즘에는 카카오톡, 라인, 위챗 등과 같은 인스턴트 메신저의 업무 활용도가 점점 높아지고 있는 게 현실이죠. 대면으로 인사를 나눈 후 인스턴트 메신저를 사용했을 때도 프로필 사진 때문에 인상이 좋아지기도 하고, 나빠지기도 하는 판국인데, 하물며 요즘 같은 비대면 시대에는 그 사람의 첫인상이 카톡에 걸린 프로필 사진으로 좌우될 수 있습니다. 당신에겐 눈에 넣어도 안 아픈 자식이겠지만 프로답지 못하다는 인상을 남길 수 있고요. 당신이 정상에 올라간 기념사진이나 이번 골프 라운딩에서 홀인원을 기념하기 위한 사진은 아재 셀카로밖에 보이지 않는답니다. 그러니까 프로다운 어투, 간결한 문장을 사용해야 하는 업무용 카톡 프로필 사진은 사람들에게 신뢰감을 줄 수 있는 것으로 선택하는 게 좋아요. 지나치게 보정된 사진 사용은 자제합시다.

처음 연락하는 상대에게 카톡부터
보내지 마라. 낯선 카톡 의심받기 딱 좋다.

스터디 모임에서 인사 나눈 사람이 있었는데요.

모임의 특성상 간단히 명함만 주고받은 정도인데

그날 집에 들어가는 길에 카톡이 울리는 거예요.

처음에는 '누가 잘못 보낸 건가?' 하며 봤는데

내용이 그 사람이었어요. 바로 읽어서 메시지 옆에

1이 없어졌는데 무시할 수도 없고….

간단히 답장은 보냈지만 기분이 별로였어요.

27세, 대기업 영업팀 사원

문자로 카톡으로 연락해도 되는지
양해를 구하고 사용하는 게 맞아요.

처음 연락하는 상대에게는 카톡을 보내지 말고 일단 문자로 카톡으로 연락해도 되는지 양해를 구하고 사용하는 게 맞습니다. 이런 인스턴트 메신저는 가볍게 커뮤니케이션을 할 수 있는 만큼 더욱 상대의 입장을 배려해야 하는 수단이에요. 따라서 카톡으로 말을 걸 때도 바로 본론부터 쓰지 말고 '안녕하세요', '반갑습니다' 등의 인사말을 먼저 건네서 상대방에게 흥미, 관심을 유도한 후 내용으로 들어가는 게 좋습니다. 한 번에 보내는 분량은 두세 줄 정도가 적당하고요. 길어도 다섯 줄 정도로 끝마치세요. 그 이상이 되면 줄 바꿈으로 단락을 구분 지어서 상대방이 읽기 편하도록 작성하세요. 대화를 마칠 때는 역시 마무리 인사를 해야 깔끔하겠죠. 그리고 읽었으면 읽씹하지 말고 곧바로 간단한 답변이나 그게 어려울 땐 이모티콘 하나라도 보내는 게 상대방에 대한 배려랍니다.

함부로 단톡방 열지 마라.
마음대로 나갈 수 없다는 것 알지 않는가?

저희 부장님은 단톡방 없던 시절에는

어떻게 일하셨을지 궁금할 정도예요.

성격은 또 얼마나 급한지 팀원들이 언제 어디 있든지

실시간 수준으로 피드백을 요구하지 않나….

아무리 알림을 꺼놓아서 카톡음은 안 울린다지만

밤이고 새벽이고 본인 생각나시는 대로 올리세요.

상사라 읽씹할 수도 없고….

다들 건성으로 대답하는 걸 모르시나 봐요.

32세, 금융업 법인영업팀 대리

먼저 단톡방을 열겠다는 허락을 구하고
상대방을 초대하세요.

카톡이 업무용으로 많이 쓰이다 보니 요즘은 뭐만 하고 나면 바로 단톡방부터 여는 경우가 많은데요. 이 또한 상대방에게 먼저 단톡방을 열겠다는 허락을 구하지 않고 바로 초대하시면 안 돼요. 우리 잘 알잖아요? 스마트폰 번호가 바뀌어서 (알 수 없음)님이 나갔다고 뜨지 않는 한 기분 내키는 대로 단톡방에서 나가기 어렵다는 걸요. 그리고 단톡방에 올리는 내용은 전원이 공유해야 하는 것만 올리고, 개별적으로 전하고 싶은 내용이 있으면 개인에게 따로 보내야 합니다. 또 카톡 같은 인스턴트 메신저는 줄임말 사용에 비교적 관대한 수단이긴 하지만 대화 상대에 따라서는 원래 단어와 문장을 제대로 입력하는 게 배려일 수 있어요. 일시나 장소, URL이나 메일 주소 등의 정보를 전할 때는 받는 사람들이 나중에라도 링크나 파일로 들어가서 정보만 바로 찾을 수 있도록 따로 올려주는 게 센스 있는 행동입니다. 업무 전용 카톡이라도 기본 매너는 똑같습니다.

SNS에 과도하게 업로드하지 마라.
진짜 할 일 없어 보인다.

66

달리기 동호회에서 알게 된 사람이랑
페이스북 친구가 됐는데요. 언제부턴가 제가 이 사람이
먹는 아침, 점심, 저녁 메뉴를 다 알 정도였어요.
분명히 회사 다닌다고 한 것 같은데….
난 일주일에 하나 올리는 것도 버거워서 눈팅만 하는데
어떻게 하루에도 몇 번씩이나 업로드할 시간이 있는지….
아무래도 회사 다닌다는 말 뻥 아니었나 싶은
의심까지 들더라니까요.

28세, 초등학교 교사 **99**

과도한 양의 업로드를 하면 오히려
한가한 사람이라는 인상이 남아요.

이제는 SNS 없는 세상은 다들 상상도 못할 텐데 과유불급 (過猶不及)은 SNS 세상에서도 똑같이 적용돼요. 그러니까 과도한 양의 업로드를 하는 건 오히려 한가한 사람이라는 인상이 남아서 업무 신뢰도를 떨어뜨릴 수 있으니 주의하세요. 그리고 SNS에서도 첫인상은 중요한 역할을 합니다. 블로그나 트위터, 페이스북, 인스타그램 등 사용하는 플랫폼이 뭐가 됐든 처음 만나는 상대에게는 인사를 건네는 게 좋은 인상을 남기는 방법입니다. 특히 친구 신청을 할 때 간결하고 친근한 인사말을 적은 초대 메시지를 보낸다면 상대도 기분 좋게 친구 수락을 할 확률이 높아요. 그렇게 맺어진 관계라 해도 업무 관련으로 연결된 SNS는 철저하게 프로페셔널하고 공적인 이야기를 올려야 평판 관리에 도움이 됩니다. 자기의 사생활을 공유해서 '좋아요'를 받고 싶거나, 자아 성찰을 하고 싶다면 부계정을 따로 운영하세요.

SNS에서 비평 비난하지 마라.
지금의 분노가 발목 잡는 날 온다.

회사에 특강 강사로 온 분의 강의를 듣고
너무 감동적이어서 그날부터 팔로우를 했는데요.
강의에서 본 느낌이랑 SNS에서는 좀 다르다는
생각이 들었었어요. 근데 아직 언팔할 정도는 아니라
그냥 뒀었는데 얼마 전에 정치와 관련된 이슈에
본인 의견을 엄청 강하게 주장하시더군요.
본인 소견을 피력하다가 다른 의견을 내놓는 분과
한참 설전이 오가더니 바로 계폭하는 과정을 지켜보면서
사람의 바닥을 본 느낌이었어요.

36세, 공기업 기업문화팀 과장

SNS에 남은 부정적인 인상은 평생을 따라다닌다는 사실을 명심하세요.

SNS를 통해 한층 전문가다운 인상을 구축해 개인 브랜드 가치를 올릴 수 있지만, 그동안 쌓아 올린 브랜드가 굳건하다고 해도 한순간에 날려버릴 수 있다는 걸 수많은 셀럽을 보면 알 수 있지요? 그들은 유명인이고 우리는 인플루언서나 셀럽이 아니니까 괜찮으리라 여겨서 자기 생각을 가감 없이 올리면 안 됩니다. SNS에 남은 부정적인 인상은 평생을 따라다닌다는 사실을 명심하세요. 당신의 생각이 아무리 정당하다고 해도 특정한 인물이나 회사를 향한 비평 비난, 인종 차별이나 성차별로 느껴질 수 있는 게시물, 남들의 불만이나 분노를 살 법한 내용을 올리면 안 됩니다. 그 사람의 인성은 SNS에 올린 내용에서 품격으로 드러나는 법이거든요. 그러니까 순간의 실수로 인간 말종으로 분류되지 않도록 평소 건전하고 유용한 내용과 시기적절한 정보 공유로 자신의 SNS 계정을 운영하셔야 합니다.

전화로 장황하게 설명하지 마라.
듣는 상대 피곤하다.

제가 입사했을 때는 문자나 카톡이 없던 시절이어서
반드시 전화 통화로 업무 관련 얘기를
전달했어야 했어요. 저는 성격상 전화를 걸고 받는 게
너무 스트레스였기 때문에 요즘이 너무 편한 거 있죠?
제가 이 정도인데, 요즘 애들 전화 통화 질색하는 거
아시잖아요. 그런데 저희 팀장님은 무조건 전화예요.
다들 한창 바쁜데 불쑥 전화해서 자기 할 말만 하고
팍 끊어버리니까 누가 좋다 하겠어요?

35세, 국가기관 정책홍보과 주무관

업무 전화는 목소리로만 메시지가 전달되니 밝은 목소리로 걸고 받는 것이 기본이에요.

스마트폰이 보급된 이후 걸고 받는다는 전화의 순기능이 사라진 지 오래되었어요. 그러다 보니 요즘 세대들에게 전화란 받을 준비가 안 된 사람에게 건 사람이 일방적으로 말하는 수단으로까지 여겨져서 기피하는 것도 일리가 있다고 생각해요. 그런데 비대면 접촉이 일상이 된 코로나 시대에는 목소리라도 전달할 수 있는 전화야말로 디지털 커뮤니케이션 수단 중 가장 인간미를 느낄 수 있는 도구가 아닐까 생각됩니다. 따라서 스마트폰으로 걸 때는 통화 내용을 정리한 뒤 전화를 받을 수 있는 상황인지 문자나 카톡으로 먼저 묻고 거는 쪽이 현명해요. 그리고 업무 전화는 오로지 목소리로만 메시지가 전달되니까 전문적이고 밝은 목소리로 걸고 받는 게 기분 좋은 통화를 이끌어내는 방법입니다. 또한 아무리 전화번호가 저장되어 있다고 해도 걸거나 받을 때는 일단 자기 이름부터 말하고 통화를 시작하세요.

받을 수 없을 때 스마트폰 켜놓지 마라.
전화기 꺼져 있는 동안 중요한 전화 안 온다.

보험 상담을 받느라 지인에게 소개받은 보험 영업 사원을
만난 적이 있었어요. 한참 보험 상품 설명을 듣고 있는데
진동이 울리더군요. 그러자 그분이 스마트폰을 꺼내서
테이블 아래로 고개를 떨구더니
"지금 미팅 중이라 제가 이따 전화드릴게요."라며
전화를 끊는 거예요. 제가 예민한지 몰라도
이 사람은 미팅의 기본도 모른다고 느껴져서
당연히 계약 안 했죠.

35세, 외국계 HR팀 과장

전화를 받을 수 없을 땐
스마트폰은 끄는 게 예의예요.

심지어 전 영화관에서 모기만 한 목소리로 "지금 영화 보는 중이야. 끝나고 전화할게."라고 말하는 사람을 본 적도 있어요. 또 여러 명이 함께했던 비즈니스 식사 자리였는데 식사 테이블 아래에 스마트폰을 두고 계속 카톡 확인하는 경우도 있었어요. 종종 사람들이 크게 착각하는 게 전화를 받을 수 없을 때 친절한 목소리로 받을 수 없다고 알려주거나 문자나 카톡으로 받을 수 없는 상황을 설명하면 예의 바르게 응대했다고 생각하는 것 같은데요. 전화를 받을 수 없을 땐 스마트폰을 끄는 게 예의입니다. 특히 회의나 업무 관련 미팅, 비즈니스 식사 등에서는 참석 전에 미리 스마트폰을 꺼둬야 해요. 부득이하게 중요한 전화를 받아야 한다면 동석자들에게 사전에 양해를 구하셔야 합니다. 영화관, 공연장, 장례식장, 병원 등에서도 스마트폰은 잠시 끄는 것이 현대인의 교양이라는 점 명심하세요.

관련 없는 사람에게 참조로 보내지 마라.
숨은 참조는 음흉해 보인다.

제 보스는 자기가 보내는 모든 업무 이메일에
저를 참조로 꼭 넣어요. 처음에는 자기 상황 참고하라고
보낸 줄 알았는데 시간이 지나면 너무도 당연하게
제게 와서 프로젝트 진행 상황을 묻더군요.
차라리 대놓고 시키든지 얼렁뚱땅 자기 일을 공유하는 척
참조에다 넣어 놓고 저한테 일 미루는데,
한두 번도 아니고 진짜 열받아요.

42세, 금융업 경영회계팀 차장

개인 정보 보호 차원에서도
참조 사용을 자제하는 게 현명해요.

카톡이 업무용 메신저로 대중화되기 전까지만 해도 이메일이야말로 가장 선호되는 비즈니스 커뮤니케이션 수단이었어요. 지금은 이메일 소통이 점점 간소화되고 있는 현실이라고는 해도 개인 이메일 주소가 상대방에게 다 공개되는 참조 기능은 개인 정보 보호 차원에서도 사용을 자제하는 게 바람직합니다. 참조란 이 프로젝트의 내용은 알아야하지만 메일로 답장을 보낼 필요가 없는 사람의 주소를 넣는 칸입니다. 그럼 이메일 주소가 드러나지 않는 숨은 참조 기능을 활용하면 되겠다고요? 굳이 사용하시겠다면 말리지 않겠습니다만, 업무용 메일을 비밀스럽게 전달한다는 사실 자체가 투명하지 않고 솔직하지 못한 사람일 것 같다는 인상을 남기기 쉬우니까 주의하는 편이 좋습니다. 이런 기능을 정 쓰고 싶으시다면 인생을 바꿀 정도의 대단한 회사 기밀을 팔아먹을 경우, 누군가에게 은밀히 공유해야 할 때는 딱 좋겠네요.

얼굴 보고 할 수 없는 얘기라면 메일로도 하지 마라. 분노를 메일에 적는 건 아마추어다.

평소 조용하시던 옆 팀 차장님이 계셨는데요.

어느 날 회사 전체 수신으로 자기가 그동안 부장님에게

부당한 처우를 받았었고 팀원 한 명 한 명의 이름을

거론하며 그들에게 받은 스트레스로 팀 내에서도

힘들었다는 골조의 메일을 보내놨어요.

그리고 퇴사하시긴 했는데, 누구의 잘잘못을 떠나

무서운 사람이라는 생각만 들었었거든요.

좋았던 인상이 싹 사라졌어요.

29세, 공기업 인재경영실 사원

메시지는 읽는 사람의 컨디션에 따라 다르게 해석될 수 있어요.

익명성으로 소통할 수 있는 디지털 세상에서는 얌전한 성향의 사람들도 모니터 뒤에 숨을 수 있어서 훨씬 대범한 자아를 표출할 수 있습니다. 비언어적인 신호를 함께 전달하는 대면 소통인 경우에도 오해가 생기기 쉬운데, 오로지 글자로만 전달되는 메시지는 읽는 사람의 컨디션에 따라 해석되기 때문에 공격적이라고 생각되기 쉬워요. 따라서 화가 난 감정을 지닌 채 메일을 쓰면 돌이킬 수 없는 결과를 초래할 수 있기 때문에 절대로 해서는 안 되는 일입니다. 메일에 쓸 수 있는 내용은 상대방의 얼굴을 보고 말할 수 있는 것만 가능하다고 명심해 두세요. 되도록 한 줄에 적는 분량을 줄여서 읽는 사람의 시선이 옆으로 길게 이동하지 않도록 하고, 일시나 장소같이 중요한 표시는 텍스트 효과를 사용하기보다 문장의 시작에 ●나 ◆ 같은 기호를 이용해서 눈에 띄기 쉽도록 표기하는 것이 프로페셔널해 보입니다.

Contact-free Communication

비대면 커뮤니케이션

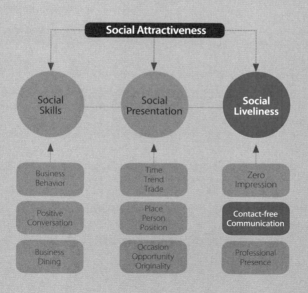

내가 사회생활을 시작했을 때는 지금과 모든 것이 달랐다. 직접 얼굴을 보지 않고 관계를 쌓는 것이 불가능했기 때문에 인맥을 넓히고 싶다면 비즈니스 만찬이나 회식, 회의, 야유회와 같은 행사에 적극적으로 참여해야 했다. 하지만 요즘은 대부분의 관계 형성이 디지털 기기를 통해 이루어진다. 따라서 적은 시간에 많은 사람을 만날 수 있는 디지털 네트워킹의 장점을 잘 활용한다면 비대면을 통해 쌓은 관계의 질이나 깊이도 신뢰할 수 있게 된다. 온라인 세상에서도 첫인상은 중요한 역할을 한다. 이용하는 플랫폼과 관계없이, 처음 만나는 상대에게는 반드시 인사를 건네라. 특히 화상 회의에서는 목소리와 더불어 영상이 전송되는 만큼 비언어적 신호 전달에도 신경을 써야 한다. 참석 장소가 회사의 회의실이든 자택의 서재든 제대로 된 복장을 갖추는 것은 기본이다. 카메라 앵글에 들어오는 모든 것이 그대로 공개되기 때문에 배경 또한 격식이 느껴지도록 미리 정리하는 것이 좋다. 깔끔한 공간과 고상한 장식품, 직업에 어울리는 장비들은 당신의 브랜드 가치를 높여줄 것이다. 넘치는 쓰레기통이나 책이 뒤죽박죽으로 쌓인 책장, 캐릭터 인형 등은 화면에 잡히지 않도록 주의하라는 말이다.

카메라 가까이 다가오지 마라.
정수리도 그만 보여줘라.

아니, 화상 회의로 바뀐 게 벌써 몇 달째인데
다들 익숙해질 때도 되지 않았나요?
처음에야 화상 회의 툴에 적응이 안 되니까
그럴 수 있겠다 이해했는데 6개월이 지난 지금까지도
뭘 그리 적는 건지, 조는 건지 회의 내내 정수리만
보여주거나, 얼굴 좀 보여 달라고 했더니 카메라에
바싹 들이대서 공포 영화처럼 다가오질 않나….
이런 지적질하면 나더러 꼰대라 그러겠죠?

41세, IT서비스 경영지원실 팀장

화상 회의에서는 얼굴이 정면에서 약간 위에 오도록 카메라 위치를 조절하세요.

화상 회의에서도 분명 서로에 대한 배려가 기반이 되었을 때 원활한 소통을 할 수 있어요. 어쨌든 화면상으로는 만나는 것이기 때문에 비주얼 정보가 인상을 형성하는 건 부정할 수 없습니다. 그러니까 얼굴이 정면에서 약간 위에 오도록 카메라 위치를 조절해 놓는 게 좋습니다. 얼굴이 화면에 너무 가깝게 나오거나 카메라 위치가 낮아서 내려다보는 각도가 되면 위압적인 인상으로 비치거든요. 또 본인은 회의 내용을 열심히 메모하느라 자판을 두드리거나 필기한다고 시선을 떨어뜨릴 수밖에 없다고 하겠지만 보는 사람들에게는 부정적인 인상을 남기는 행동입니다. 그리고 안 그래도 비대면이라 상대방의 반응을 알기 힘든 화상 회의에서 제발 어두운 표정 좀 짓지 맙시다. 인상이 나빠 보이는 건 차치하고라도 전체적인 회의 분위기마저 침울해져서 좋은 성과를 기대하기 어려워진다는 말이에요.

캐주얼한 회의라도 홈 웨어 보여주지 마라.
비즈니스로 맺어진 관계다.

화상으로 캔 미팅을 진행한 적이 있었는데요.

동료가 평소 회의 때 옷차림보다 편안한 자리라 그런지

목선이 많이 파진 티셔츠를 입고 들어오더군요.

근데 모니터 앞에 맥주랑 안주를 들었다 내렸다

할 때마다 가슴이 보일 듯 말 듯 하는데 화면상이라서

시선을 피할 수도 없고….

아무리 편한 자리라도 모니터 앞에 앉을 때 입을 옷이

따로 있다는 생각이 들었어요.

30세, 공기업 전자처 대리

화상 회의 때는 적당한 네크라인에 조금 밝은색의 상의를 선택하세요.

비즈니스 우먼은 온라인 오프라인을 막론하고 가슴 주위가 너무 파인 옷은 비즈니스 자리에 적합하지 않습니다. 더욱이 화상 회의에서는 진행 상황을 타이핑하거나 채팅하며 소통할 때 무심결에 앞으로 구부리는 자세를 취하게 되는 경우가 많은데요. 편하다고 입은 옷이 남부끄러운 인상을 남길 수 있다는 점을 명심합시다. 그렇다고 분명 재택근무인데 출근할 때 옷차림처럼 지나치게 격식에 맞게 차려입는 것도 상황에 맞지 않아서 우스워 보여요. 가슴 주위가 신경 쓰이지 않을 정도의 적당한 네크라인을 가진 상의에 조금 밝은 색상을 선택하면 화면에 비치는 얼굴도 화사해 보입니다. 덧붙여서 거래처나 첫 대면인 사람과 화상으로 만날 때는 가슴 주위가 단정한 티셔츠라고 해도 그 위에 재킷을 걸치면 한층 세련되고 신뢰감을 줄 수 있어요. 그러니까 재택근무할 때도 가까운 곳에 재킷 한 벌은 늘 준비해둡시다.

풀메로도 쌩얼로도 나타나지 마라.
재택근무라도 재택보다 중요한 건 근무다.

평소 화장을 진하게 하는 걸 즐기는 과장은

재택근무 중에도 사무실 출근할 때처럼

진한 화장 그대로더라고요. 처음엔 그런가 보다 하다가

재택근무가 길어지면서 비대면으로 만날 때면

그 진한 화장이 너무 투 머치로 느껴졌어요.

반대로 평소 화장을 잘 안 하던 신입은 퉁퉁 부은 얼굴로

세수만 한 것 같은 모습을 보여주는데…

이건 또 '너무하지 않나?' 라는 생각이 드네요.

39세, 대기업 리서치연구소 선임연구원

비대면에서는 상반신만 보이기 때문에
얼굴의 느낌이 전체 인상을 좌우해요.

실제로 만나는 경우엔 머리부터 발끝까지 전체 인상을 볼 수 있기 때문에 진한 화장이나 자연스러운 화장 모두 옷차림과 태도에 어울리면 오히려 조화로움을 가져다주는데요. 상반신만 보이는 비대면 상황에서는 특히 얼굴의 느낌이 전체 인상을 좌우하기 때문에 메이크업이 중요합니다. 그런데 사무실이 아닌 집이라는 공간에서 근무하는데, 새빨간 립스틱을 바르는 등 과하게 진해 보이는 화장은 누가 봐도 상황에 맞지 않으니 부담스러워요. 그렇다고 너무 집에서 일하는 티 나게 맨얼굴로 있으면 업무 신뢰감이 떨어져 보입니다. 특히 맨얼굴은 화면상으로 얼굴색이 어둡고 칙칙하게 비쳐서 우울해 보이기 쉽거든요. 대면이든 비대면이든 피부가 밝고 건강해 보이면 긍정적인 인상을 남기게 되니까 피부 톤을 화사하게 보여주는 크림이나 팩트 제품을 바르는 것으로 화면 너머의 인상까지 관리합시다.

지저분한 방 보여주지 마라.
감출 건 감출 줄 알아야 어른이다.

처음 화상 회의를 했을 때 저도 화상 회의 앱만

잘 켜지는 걸 확인했지 제 방이 다 보인다는 사실을

아예 생각하지 않았었어요. 그런데 회의를 종료하고

나가기가 무섭게 차장님이 톡을 주시는 거예요.

더 놀란 건 제 방 화면을 캡처해서 궁금했던 물건들에

동그라미를 쳐서 보내셨더군요.

그러면서 저건 뭐냐? 어디 제품이냐?

등등 묻기 시작하시는데… 당장 가림막 주문했잖아요.

35세, 대기업 경영기획실 과장

배경 화면으로는 깔끔한 벽면이 보이도록 세팅하세요.

비대면 커뮤니케이션이 본격화되면서 집 안이 보이는 걸 두려워하는 많은 사람을 위해 배경 화면을 바꿀 수 있는 기능까지 나와 있는데요. 사용해보면 컴퓨터 사양에 따라 자연스럽지 않은 경우도 있습니다. 특히 직장인에게 화상 회의의 배경 화면은 개인 브랜드라는 마음가짐으로 임하시는 게 좋아요. 화면 너머의 영상에서는 의외로 세세한 부분까지 시선이 가게 되는 만큼 깔끔한 벽면이 보이도록 세팅하는 걸 추천합니다. 물건이 너무 많이 보이면 회의에 집중할 수 없을 뿐 아니라 산만하다는 인상을 남기게 되니까요. 집 안에 깔끔한 벽면이 없을 때는 화상 회의용 가림막이나 벽면 스티커 등을 뒷배경으로 놓고 앉는 것이 안전합니다. 여기에 한층 더 밝고 경쾌한 인상을 주고 싶다면 이런 벽면에 꽃이나 화분 같은 장식을 살짝만 비치게 해서 보는 사람에게도 싱그러운 분위기를 전달하면 좋겠지요.

약속 없는 화상 회의 진행하지 마라.
전략적 회의 모르는가?

다들 바뀐 업무 방식에 잘 적응하고 있는데,

본부장님은 아무래도 옛날 사람이시니까

기기 적응도 어려워하시고 해서 화상 회의 세팅을

제가 진행했었는데요. 그게 간단해 보여도 팀원들

연락도 해야 하고 나름 사전 준비가 있는데

시도 때도 없이 화상 회의 세팅하라고

연락하시는 거예요. 중요하지도 않은 안건으로

예정되지 않은 화상 회의에 들어오라고 하면

누가 좋아하겠어요?

28세, 의류업 총무팀 주임

회의에 관련된 내용은 미리 메일로 발송하고 회의 전에 확인하는 것이 기본이에요.

원활한 화상 회의를 위해서는 주최하는 사람도 참가하는 사람도 서로의 상황에 대한 배려가 바탕이 되어야 하겠죠. 사무실에서야 긴급 안건이 생기면 비어 있는 회의실을 찾아서 모이기만 해도 가능했을지 모르지만, 화상으로 진행할 때는 각각 처한 상황들이 다르기 때문에 예정되지 않은 회의를 진행하는 건 매너가 아닙니다. 따라서 진행자는 화상 회의에 관련한 모든 정보와 안건을 참가자들에게 미리 메일로 발송하고 회의 전에 다시 한번 확인 연락을 하는 것이 기본입니다. 또한 참가자들은 회의 시작 전에 받은 자료를 모두 읽고 회의 중 질문이나 코멘트할 내용을 미리 정리해둔 후 회의에 접속해야 합니다. 끝으로 회의 진행 중에 문제가 발생하지 않도록 먼저 기기를 점검해두세요. 적어도 회의 시작 5분 전에는 참석자 전원이 들어와 있어야 예정대로 회의가 진행되겠죠? 화상 회의에서도 지각은 절대 금물입니다.

집 안 잡음 들리게 하지 마라.
워크와 라이프를 분리하는 게 프로다.

이번에 재택근무를 하면서 잡음 차단이 전문가로
보이게 한다는 사실을 알았는데요.
거래처 대리의 아이 울음소리 때문에 회의를
중단해 본 적도 있었고요. 영어 레슨 강사 집에는
강아지가 두 마리 있다는 것도 알았어요.
과장님 댁이 정확히 어디인지는 몰라도
차 소리가 예사롭지 않은 걸 보니
도로변이랑 가까운 것도 예측되네요.

32세, 무역업 조직개발사업부 대리

잡음 없이 소리가 잘 들리도록
마이크 내장형 이어폰을 사용하세요.

논의에 집중하기 위해서는 회의에 참석한 모든 사람에게 소리가 잘 들리도록 전달하는 것이 가장 중요합니다. 이런 경우 컴퓨터의 내장형 마이크를 그냥 사용하면 키보드 치는 소리나 주변의 소음 등이 같이 들어가 듣는 사람들에게 불편함을 줄 수 있으니까 최소한 마이크 내장형 이어폰을 꽂아 사용하는 게 서로에 대한 배려가 됩니다. 또 대화 중 주변 소음을 최대한 차단해서 목소리의 전달력을 높이는 것도 프로다운 자세입니다. 그리고 진행자나 발표자가 발언할 때 나머지 참가자들은 반드시 음 소거 버튼을 눌러서 잡음이 들어가지 않도록 조치하세요. 그렇다고 회의 안건만을 놓고 얘기하면 너무 딱딱한 분위기로 진행될 수 있잖아요. 따라서 대면 회의할 때와 마찬가지로 처음 접속했을 때는 마이크 테스트를 겸해서 가벼운 이야기부터 주고받으면 첫 대면인 사람이라도 낯설지 않고 편안하게 시작할 수 있어서 회의 분위기가 좋아집니다.

재택근무라고 디지털 기기로만 소통하지 마라. 평생 얼굴 안 볼 사이 아니다.

전 이번에 집에서 혼자 일하면서

크게 느낀 점이 있었는데요. 그동안 동료들이랑

의미 없는 수다 떠는 일이 시간 낭비라고 생각했었는데,

그렇게 무심결에 이야기하던 게 기획의 아이디어가

되었다는 사실을 인정하게 됐어요.

그리고 재택근무 동안 소통 한 번 없다가 출근해서

팀원들을 만났을 때 그 어색함을 어찌해야 할지….

소통은 때와 장소를 가리지 않고 했어야 하네요.

36세, 경영연구원 경영교육팀 연구원

평소에 가벼운 안부를 묻는 등 친밀감을 높여 놓으세요.

만나면 따뜻한 사람인데 온라인상에서는 차갑게 느껴지고, 평소 만났을 때 차가운 인상인 사람이 온라인에서는 따뜻하게 느껴지는 경우가 있는데요. 그 차이는 마음이 담긴 따뜻한 배려의 한마디에 있습니다. 따라서 업무 관련 얘기만 간결하게 보내지 말고 배려의 한마디를 더해봅시다. 또 예정된 화상 회의에서만 만나지 말고 점심 식사 후에는 단톡방에서 가벼운 안부를 묻는 등 평소 친밀감을 높여 놓으면 대면했을 때도 훨씬 부드러운 소통이 가능하겠죠. 긍정적인 화제로 이야기를 하면 유연하고 대인 관계를 중요하게 여기는 사람이라는 인상이 남으니까 반드시 의식하면서 대화하세요. 그리고 잘 모르는 일의 확인이나 감사 인사 등은 메일이나 카톡 등 문자로만 하지 말고 감정이 전달되는 전화를 적극적으로 이용합시다. 분명 디지털 세상에서도 포근한 온기가 느껴지는 사람이 매력 있으니까요.

Professional
Presence
프로다운 태도

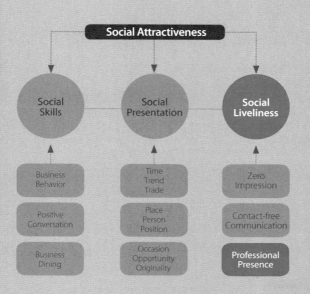

아무리 업무 능력이 뛰어나고, 멋진 옷차림을 하고 있어도 태도 하나로 인상이 크게 바뀐다. '당신'이라는 인간을 판단하는 요소 중 가장 중요한 것은 다름 아닌 '태도'이다. 다른 사람과 접촉하는 방식, 상대에게 존중을 표현하는 방법, 상대에 대한 예의. 이 모든 것들이 당신의 태도를 반영한다. 태도는 당신의 일생을 걸쳐 지속적으로 개발되어야 하는 개인적인 자산이기도 하다. 시각적으로 드러나는 태도는 그 사람의 내면을 반영하고 있다. 따라서 시선을 마주치거나, 미소를 짓거나, 상대방에게 몸을 기울여서 낯선 사람들을 반갑게 받아들인다는 자세를 보여주는 것 같은 긍정적인 신체 언어에서 태도가 드러나고, 그렇게 전달된 태도가 타인에게 긍정적인 반응을 끌어낼 수 있기 때문에 호감을 갖게 만든다. 더 나아가 비즈니스 장면에서 요구되는 것은 파워를 느끼게 하는 프로다운 태도이다. 이러한 태도는 호감 가는 동료, 말하기 편한 상대, 친절하고 협력적인 사람이라는 평판을 가져다준다. 그러므로 언제 어디서든 남이 보고 있다는 것을 의식하고, 프로다운 태도를 유지해야 한다는 점을 명심하자.

무표정이면서 좋은 인상 기대하지 마라.
얼굴에 책임질 나이는 따로 있는 게 아니다.

나름 기분 좋게 출근했는데 뚱해 있는 그 친구를

처음 만나면 제 기분도 확 나빠질 때가 있어요.

원래 성격이 그렇다고 이해는 하는데 여기는 회사잖아요.

자기 집이 아니라…. 날 보고 빵긋 웃어달라는 게 아니에요.

무뚝뚝을 넘어서 화나 있는 것 같은 표정은

그만 보고 싶어요. 저희 팀 내에서 걔가 제일 막내인데

다들 무서워서 말을 못 걸겠다잖아요.

혹시 설정인가…?

39세, 의료업 경영지원 과장

상대방의 이야기를 들을 때는 양쪽 입꼬리만 올려도 매력적인 사람으로 보여요.

남들에게 '화났어?'라는 질문을 종종 받는다면, 자신의 표정에 대해 반성할 필요가 있습니다. 말 붙이기 어려운 사람들의 공통적인 특징인 무표정은 주위 사람들과 거리를 만들기 쉽기 때문이에요. 그렇다고 해서 공연히 많이 웃거나 시도 때도 없이 미소를 지으라는 얘기가 아닙니다. 특히 상대방의 이야기를 들을 때는 무표정한 시간을 최대한 짧게 하고 양쪽 입꼬리만이라도 올리고 있으면, '당신 이야기에 흥미가 있다.'라는 표현으로 느껴지니까 건강하고 매력적인 사람으로 보일 수 있잖아요. 이때 한쪽 입꼬리만 올라가지 않는지 체크해 봅시다. 평소 잘 웃지 않던 사람들은 입꼬리의 좌우 근육이 균등하게 사용되지 않아서 한쪽만 올라가는 경우가 많거든요. 이런 표정은 애써 웃었는데 마음이 내키지 않은 채 억지로 웃는 듯이 보일 뿐 아니라 정직하지 못하다는 인상을 남길 수도 있으므로 짓지 않느니만 못합니다.

영혼 없는 웃음도 짓지 마라.
가짜 미소는 더 불쾌하다.

입꼬리가 '八자'로 내려가서 세상 불평불만을
혼자 다 떠안은 것 같은 무표정으로 시종일관하는
선배도 별로지만, 영혼 1도 없이 웃음 짓는 후배를 보면
'얘도 애쓰는구나.' 싶어서 안쓰러울 정도예요.
다들 진짜 웃음, 가짜 웃음 정도는 구분하잖아요?
마음에도 없는데 억지로 웃는 후배보다 차라리
무뚝뚝한 선배가 진솔한 것 같아요.

38세, 사단법인 경제연구소 선임연구원

자연스럽고 가볍게 웃되
반드시 얼굴 전체로 눈까지 웃으세요.

필요 이상으로 많이 웃거나 아무 때고 미소를 짓고 있는 건 가식과 무관심의 표현으로 봐도 좋습니다. 무엇보다 자연스럽고 가볍게 웃는 게 중요해요. 보통 마음을 담아 웃을 때는 눈이 같이 웃는 경우가 많습니다. 따라서 웃을 때는 반드시 얼굴 전체로 눈까지 웃도록 하세요. 눈꼬리까지 웃는 웃음은 '당신에게 관심을 가지고 있어요.' '제가 얘기하는 건 진심입니다.'라는 메시지를 전달하고 상대방에게 '그럼 열심히 해 보자.' '그렇다면 도와줘야지.'라는 의욕을 불러일으키기 때문에 함께 있는 자리가 즐거울 수밖에 없습니다. 진심으로 웃을 때는 얼굴이 대칭이 되어 훨씬 매력적으로 보이거든요. 또한 상황에 따라 미소를 짓는 게 중요한데요. 상대가 심각하게 말을 하고 있을 땐 똑같이 심각해 보이도록 하고, 상대가 말하는 내용이 가볍고 재미있을 땐 자신 있게 미소를 지으면 호감도가 올라갑니다.

낯가림 심하다며 힐끗힐끗 쳐다보지 마라.
시선 처리는 성격이랑 상관없다.

실력에 비해 평가가 덜 되는 거래처 디자인 실장이 있어요.

섬세한 작업을 하는 사람이니까 그럴 거라 이해는

하면서도 그동안 저하고 함께 작업한 시간이 몇 년인데,

아직도 제가 얘기를 하면 힐끗힐끗 쳐다보는

시선 처리밖에 못하니까 매력이 없을 뿐 아니라

신뢰가 가질 않아서 관계가 발전되지 않더군요.

본인 사연이야 어떻든 사회성 결여로 비칠 따름이에요.

45세, 교육서비스업 광고홍보팀 팀장

시선을 마주치지 못하고 힐끔거리면
상대방에게 신뢰감을 주지 못해요.

시선을 마주치는 것은 대화의 기본적인 자세라는 걸 잘 알지만, 어렵거나 불편한 사람과의 대화에서는 무의식적으로라도 시선을 피하기 쉽습니다. 하지만 시선을 주지 않을 경우, 관심이 없거나 말을 하고 싶지 않거나 같이 있기 불편하다는 메시지를 보내는 것이기 때문에 상대방에게 신뢰감을 주기 어려워요. 그런데 시선을 잘 마주치지 않는 사람들은 평소에 다른 사람을 바라보지 않기 때문에 대화 중에도 상대방과 시선을 마주하지 않는다는 사실조차 깨닫지 못하는 때가 많습니다. 그나마 의식하면 애써서 하는 행동이 시선을 이리저리 바쁘게 움직이거나 짧고 빈번하게 곁눈질하며 힐끔거리는 건데요. 자신감도 없고 엉큼하고 교활하다는 인상을 남기기 쉽습니다. 시선을 마주친다는 건 다름이 아니라 자신의 검은자위를 상대방에게 보이는 것입니다. 흰자위를 많이 보이면 불신감을 주게 되니까 주의하세요.

뚫어지게 쳐다보지 마라.
그렇다고 제압되지 않는다.

66

친구 소개로 만난 남자가 있었는데요.

진짜 괜찮은 사람이라고 하도 난리 쳐서 나간

자리였는데 왜 다들 상대를 고르는 첫 번째 기준으로

'눈을 본다.'라고 하는지 깨달았잖아요.

얘기하는 동안 계속 불편하다는 생각이 들었는데,

처진 눈으로 뚫어져라 쳐다보는 불쾌한 시선 때문이었어요.

본인은 쿨하다고 착각하는 것 같던데,

그런 눈빛은 변태로밖에 안 보였어요.

35세, 회계법인 비서실 과장

불편하지 않은 시선으로
상대방을 바라보면서 대화를 나누세요.

시선을 마주 보는 건 상대방에게 관심이 있고 마음이 편하다는 메시지를 보내는 행동입니다. 하지만 뚫어지게 쳐다보거나 지나치게 시선이 마주칠 경우에는 불안하고 위협받는다는 생각이 들 뿐만 아니라, 과도하게 오랫동안 응시하는 사람은 나를 통제하려 드는 사람일 것 같은 압박감까지 느껴져요. 대화할 때 상대방의 양쪽 눈과 코의 1/2 지점을 연결한 삼각형 주위를 바라보면서 이야기하면 불편하지 않은 시선으로 상대방을 쳐다볼 수 있어요. 또한 대화 시간의 반보다 조금 길게 상대방의 눈을 바라보는 것이 중요합니다. 두리번두리번하지 않고 시선을 마주치는 사람을 긍정적인 사람으로 받아들이므로 상대방과 거리감을 가지려면 되도록 적게, 그리고 짧게 쳐다보면 돼요. 반대로 상대방에게 관심이 있고 매력적으로 느끼고 있다는 메시지를 보낼 때는 평소보다 오래 자세히 쳐다보면 됩니다.

머리카락 만지면서 얘기하지 마라.
불결하고 지루해 보인다.

"

여자들은 왜 그래요? 이야기를 하면서

계속 머리카락을 귀 뒤로 넘기거나,

머리카락 끝을 돌돌 말면서 이야기하거나,

심지어 제가 얘기하는데 고개를 옆으로 돌리더니

상한 머리카락을 반으로 가르면서 듣는 기술까지

보여주더군요. 처음엔 제 얘기가 듣기 싫어서 하는

동작인가 보다 했는데 상습적이던데요?

점점 같이 대화하기 싫어져 버렸어요.

43세, 유통업 SCM실 차장

중요한 자리에서는 긴 머리를 묶으면
깔끔한 인상을 줄 수 있어요.

머리카락을 만지작거리거나 머리카락을 돌돌 말아 올리는 행동은 무의식적으로 하는 경우가 많은데, 불결하고 지루하다는 인상을 남기기 쉬우니까 되도록 하지 않는 게 좋습니다. 머리가 긴 여성의 경우, 중요한 식사나 정중한 인사를 해야 할 자리일 때는 묶는 것이 깔끔한 인상을 줄 수 있어요. 이와 더불어 손은 평소에 자주 사용하고 다른 사람 눈에 띄기도 쉬운 부위이므로, 그 사람의 성격을 판단할 수 있게 하는 기준이 되기도 합니다. 말을 하면서 끊임없이 손을 움직이는 사람은 자기 통제력이 부족한 사람으로 보이고요. 반대로 제스처가 전혀 없는 사람은 열정이 부족하거나 지나치게 자신을 억제하고 원칙을 따르는 사람으로 보입니다. 그동안 무심결에 해오던 불필요한 손동작이 없었는지 생각해보세요. 손동작에 신경을 쓰는 것만으로 부드러운 카리스마를 전달할 수 있습니다.

짝다리 짚거나 배 내밀고 서지 마라.
자세에서 아우라 나온다.

얼마 전부터 친해진 동료가 해준 말이

제 평소 3단 콤보 자세를 보고 되게 재수 없을 거라

생각해서 멀리했었다더군요.

제가 늘 짝다리로 서서 얘기하거나, 주머니에 한 손

혹은 양손을 찔러 넣은 채 얘기하거나,

한 손을 허리에 대고 건방진 자세를 취했었다네요.

전 한 번도 의식하지 못했었는데….

듣고 보니 그 자세가 제일 편하다고 여겨지긴 해요.

42세, IT서비스 데이터팀 매니저

올바른 자세를 취해야 보는 사람에게
자신감과 안정감을 전할 수 있어요.

스스로 알아차리지 못한 버릇이나 몸동작을 지적받아서 놀란 적은 없었나요? 무의식중에 하기 쉬운 긴장감이 풀어진 자세는 거만하고 건방져 보인다는 인상을 남깁니다. 손가락을 빈번하게 바꿔가며 깍지를 끼는 동작이나, 머리 뒤통수를 쓰다듬거나 목덜미를 두드리거나 하는 동작도 마찬가지죠. 사람을 볼 때 가장 먼저 눈에 들어오는 건 다름 아닌 그 사람의 자세입니다. 적어도 이론상으로는 옷보다도 자세가 더 빨리 인식된다고 해요. 바른 자세는 자신감과 안정감의 상징입니다. 배를 내밀고 서 있는 자세는 피로하고 무기력하게 보이므로 아랫배에 힘을 줘서 배를 들어가게 하고 머리 위에서 끌어 올려지고 있다고 의식해 보세요. 그렇다고 너무 의식하면 어깨나 허리에 힘이 들어가서 부자연스럽게 보일 수 있으니까 어깨의 힘을 빼고, 손은 자연스럽게 옆으로 내리거나 앞에서 가볍게 모으면 됩니다.

팔짱 끼거나 다리 꼬거나 다리 떨지 마라.
어른다운 동작을 취해라.

특히 회의할 때 팔짱 끼고 듣는 사람을 보면

'또 뭘 가지고 꼬투리를 잡을까?' 하는 생각이 들어요.

턱을 괴고 듣거나, 볼펜 꼭지를 계속 딸깍거리거나,

사인펜을 빙글빙글 돌리거나, 책상을 두드리거나,

손가락 마디를 꺾거나…. 상대방에게 관심 없는 건

알겠는데, 본인이 얼마나 부정적이고

정서 불안으로 보이는지는 모르나 봐요.

40세, 컨설팅업 과정개발팀 팀장

상대방에게 불쾌감을 줄 수 있는
습관적인 행동을 교정하세요.

회의 중이나 상대방과 대화할 때, 무심코 하고 있는 부정적인 행동들이 있지 않습니까? 눈에 띌 뿐만 아니라 상대방에게 불쾌감을 줄 수 있기 때문에 일단 습관적인 행동을 인지하는 것부터 시작해서 차츰 교정해 가도록 하세요. 본인은 그럴 의도가 전혀 없었다고 해도 팔짱을 끼고 있다면 상대방과 거리를 두고 싶다는 뜻으로 해석되고, 다리를 꼬고 앉으면 긴장했고 불안하다고 읽힙니다. 보디랭귀지는 지금 내 앞에 있는 상대가 나를 어떻게 생각하고 있는지를 판단할 수 있는 아주 명확한 근거가 되는데요. 특히 뇌와 가까운 신체 기관일수록 가짜 보디랭귀지를 표현하기 쉽습니다. 손동작은 훈련에 의해 얼마든지 마음을 숨길 수 있지만, 뇌와 거리가 먼 다리는 마음을 감추기 어렵다는 말입니다. 따라서 얼굴이 주는 인상은 좋은데 뭔가 이상하다는 느낌이 들 때는 다리를 한번 살펴보세요.

처진 어깨로 땅 보며 걷지 마라.
걸음걸이에서 의욕이 느껴져야 한다.

걸음걸이도 때와 장소와 상황에 맞춰야

하는 것 같아요. 회사에서 거북이처럼 목을 앞으로

쭉 빼고 걷는 사람, 느린 걸음으로 두리번거리며

지그재그로 걷는 사람, 안짱다리나 팔자걸음으로

걷는 사람, 바닥을 쿵쿵대며 걷는 사람….

걸음걸이만 보고 있으면 회사에 마지못해 끌려 나온

좀비 같아 보여요.

44세, 공기업 인재개발원 차장

바른 자세를 유지하면 자신감 넘치고
추진력을 갖춘 사람으로 느껴져요.

바른 자세를 유지하면서 걸으면 자신감이 넘쳐 보입니다. 회사에서도 바른 자세의 소유자는 추진력과 목표 의식을 갖춘 사람이라는 이미지를 느끼게 하지만, 축 처진 어깨와 굽은 등은 불안정하고 겁이 많은 사람으로 보여요. 또한 걸음걸이를 보면 그 사람을 어느 정도 짐작할 수 있는데요. 보폭이 큰 사람은 자기 통제력이 있고 강하면서 관대한 사람인 반면, 종종걸음을 걷는 사람은 심약하고 까다로운 성격의 소유자라고 보입니다. 몸을 좌우로 흔들거나 위아래로 통통 튀는 듯이 걷는 것은 어린아이의 걸음걸이라서 성숙하지 못한 인상을 줘요. 그리고 터벅터벅 걷거나 발을 질질 끌면서 걷는 것은 맥없고 부정적인 인상을 남깁니다. 또한 몸을 뒤로 젖히거나 배를 쑥 내밀고 걷는 사람은 약한 복근이 원인인 경우가 많아요. 따라서 복근을 의식하면서 힘을 주며 걸으면 당당하고 경쾌한 걸음걸이로 바뀔 수 있습니다.

Image Book Series

3rd edition

내 남자를 튜닝하라

**이기는 남자들의
비주얼 튜닝 전략**

매너와 스타일, 남자의
이미지가 모든 것을 결정한다!
중국, 대만, 홍콩 번역판 출간

황정선 지음 | 컬러 296쪽 | 값 15,000원

스타일리시한 여자와
일하고 싶다

성공하는 여자들의 스타일 튜닝

치열한 비즈니스 환경에서
패션 감각도 스펙이다!
중국, 대만, 홍콩 번역판 출간

황정선 지음 | 컬러 325쪽 | 값 15,000원

2nd edition

세일즈에 스타일을 더하라

**판매를 위한 60가지
스타일 튜닝 전략**

사소한 차이가 판매 성공을
결정한다!
대만, 홍콩 번역판 출간 예정

황정선 지음 | 컬러 280쪽 | 값 15,000원

2nd edition

옷을 벗고 색을 입자

**베이식부터 트렌드까지 패션을
살리는 그녀의 컬러 스타일북**

당신만의 트루 컬러를 찾아라!
중국, 대만, 홍콩 번역판 출간

황정선 지음 | 컬러 300쪽 | 값 16,000원

나는 오늘이 제일 예쁘다

마흔을 위한 패션 어드바이스 북

여자 나이 마흔,
당신의 품격을 높여라!
대만, 홍콩 번역판 출간

황정선 지음 | 컬러 250쪽 | 값 15,000원

2nd edition

품격 입는 남자

임원을 위한 비즈니스 슈트의 정석

남자 나이 마흔에는 옷이 아니라
품격을 입어야 한다!

황정선 지음 | 컬러 412쪽 | 값 25,000원

『내 남자를 튜닝하라』『스타일리시한 여자와 일하고 싶다』『일 잘하는 그녀의 컬러 스타일북(개정판
'옷을 벗고 색을 입자')』은 포털 사이트 네이버의 '네이버 지식백과'에서도 만나볼 수 있습니다.

Information Studio.

자연스럽고 따뜻한 분위기 조성을 통한
편안하고 안정적인 연출

Trendy
Innovation
Content

질감이 없는 무광의 블랙 컬러를 메인으로 한
고급스러운 공간

이동 레일 벽을 이용한 다양한 느낌의 세트 연출

페이도 스튜디오(Paydo Studio)
서울시 금천구 디지털로 178, A동 1110호 – 1111호
(현대지식산업센터 가산퍼블릭)

https://studio.pdy001.synology.me/reservation

Social Attractiveness

Social Attractiveness